城市道路改造策略与实践

——以深圳市为例

主　编　唐　伟

副主编　李　军　张　琪　严建财　朱　骏

同济大学出版社
TONGJI UNIVERSITY PRESS
·上海·

图书在版编目（CIP）数据

城市道路改造策略与实践：以深圳市为例 / 唐伟主编 . -- 上海：同济大学出版社，2023.6

ISBN 978-7-5765-0797-3

Ⅰ. ①城… Ⅱ. ①唐… Ⅲ. ①城市道路 – 旧路改造 – 研究 – 深圳 Ⅳ. ①U418.8

中国国家版本馆 CIP 数据核字（2023）第 040964 号

城市道路改造策略与实践——以深圳市为例

唐　伟　**主编**

李　军　张　琪　严建财　朱　骏　**副主编**

责任编辑　朱　勇　　**责任校对**　徐逢乔　　**封面设计**　张　微

出版发行　同济大学出版社　　www.tongjipress.com.cn

（地址：上海市四平路 1239 号　邮编：200092　电话：021-65985622）

经　　销　全国新华书店

排版制作　北京华艺世纪缘图文设计公司

印　　刷　江苏凤凰数码印务有限公司

开　　本　710mm × 1000mm　1/16

印　　张　10.5

字　　数　210 000

版　　次　2023 年 6 月第 1 版

印　　次　2023 年 6 月第 1 次印刷

书　　号　ISBN 978-7-5765-0797-3

定　　价　58.00 元

编委会

主　　编： 唐　伟

副 主 编： 李　军　张　琪　严建财　朱　骏

编　　委： 苏跃朋　黄安达　杨胜华　钟诗圣　袁兴无
曹诗定　潘志坤　丁亚民　韦云飞　李　东
周倩茹　刘振忠　吴华勋　连晓民　虞　华
何晖宇　邓　珂　彭　坤　魏光华　范嘉华
石　蕾　王志欣　陈水银　朱金兵　黄鑫林
卞跃威　曾格华　冯　金　邱乾洲　许大晴
王晓波　刘　宇　牛建敏　王　宁　刘　磊
杨立云　郭　维　陈宜启　莫天明　李雄飞
刘文献　任　宇　李春雷　任玲玲　谢海平

支持单位： 深圳市交通运输局
深圳市综合交通与市政工程设计研究总院有限公司

前　　言

在城市发展建设的过程中，作为城市血脉的道路系统也在不断地衍生和变革。城市道路的规划建设需要与城市功能结构、土地利用、出行结构、综合交通体系相辅相成。

深圳作为成立40余年的经济特区，随着城市扩张和空间结构的演变、综合交通体系形成和出行结构优化，以及在“双区”驱动、“双区”叠加、“双改”示范等战略驱动下，城市道路的规划建设在不断创新和探索。特别是近年来，结合城市高质量发展的要求，深圳市在道路功能优化、扩容提效、品质提升等方面进行了积极的实践，积累了丰富的经验。

本书结合深圳市城市道路改造的实践经验，阐述了城市道路的改造动因、改造策略和部分详细改造方案，包括公路市政化改造、道路立体改扩建、道路复合化改造、瓶颈路段疏通、道路下沉改造、旅游公路塑造、活力街区打造等具体案例。

衷心希望从事城市道路交通规划设计工作的读者能够通过本书更好地将理论与实践相结合，更多地关注城市道路功能和品质提升，塑造更好的城市交通环境。最后对所有支持本书编写工作的人表示感谢，对所引用参考文献的作者和单位表示感谢。

本书若有不妥之处，恳请读者批评指正。

本书编委会

2023年1月

目　　录

第1章　绪　　论

1.1　城市交通发展面临的困境

深圳作为改革开放的先行城市，自成为经济特区起的40余年间，全面深化改革开放，持续推进基础设施建设，在1990年、2004年、2015年先后组织编制了三版全市干线道路网规划，基本奠定了“七横十三纵”的高快速路网络，较好地满足了深圳不同发展阶段的快速发展需求。

但随着国家和区域形势发生重大变化，人口、土地、资源和环境的约束持续加剧，交通出行需求迅速增长，建设中国特色社会主义先行示范区、交通强国示范城市、粤港澳大湾区核心城市等国家发展战略的提出，深圳都市圈发展持续深化，深圳城市定位不断提升，因而对深圳交通系统建设提出了区域联系更广泛、城市出行更可靠、设施发展更集约、生态保护更严格等要求。

以机荷—惠盐高速为例，随着其所在区域、城市、交通及沿线用地情况的变化，原有改扩建工程方案已不能满足高速公路的大通道功能以及城市内部交通集散和转换功能融合的需要，具体体现在以下四个层面。

（1）区域层面：粤港澳大湾区战略上升为国家战略，湾区融合发展，东西向交通联系将进一步加强。深中通道建成通车后，大量的过境及对外交通将汇集至机荷—惠盐高速，并会对原先制定的拓宽至8车道的改扩建方案造成冲击。

2017年《政府工作报告》中明确提出，“要推动内地与港澳深化合作，研究制定粤港澳大湾区城市群发展规划，发挥港澳独特优势，提升在国家经济发展和对外开放中的地位与功能”。深中通道预计在2024年通车，未来机荷—惠盐高速将承担大量湾区东西向的交通需求。根据预测，深中通道建成后，机荷—惠盐高速承担的长距离交通需求将达到8.4万标准车/日，占机荷—惠盐高速全日交通量的47.5%。

（2）城市层面：深圳市正在开展新一轮的城市总体规划修编，预计未来全市常住人口规模还将进一步增长，岗位还将进一步呈现向内集中的趋势，第二、三圈层人口或将激增，这对机荷—惠盐高速改扩建工程带来了冲击。

人口发展的历史资料显示，30年来深圳市人口一直呈快速增长的趋势，1995年后，深圳市人口增长速度开始放慢。“十二五”时期人口年均增长速度为1.9%，低于“十一五”年均4.6%的增长水平。依据《深圳统计年鉴2017》，2016年年末深圳市常住人口规模为1 190万人，其中户籍人口384万人，暂住人口806万人。预计至2035年，深圳市第二、三圈层人口增长30%～40%。人口增长带来的交通需求变化，对机荷—惠盐高速改扩建工程提出了新要求。

（3）交通层面：配合深圳市新一轮总体规划修编，正在开展的轨网及干线路网修编显示，机荷—惠盐高速沿线将新增大量轨道以及与机荷—惠盐高速平行或相交的干线道路，亟须开展改扩建工程的交通详细规划工作，并与新一轮轨网、干线路网规划相协同。同时，深汕特别合作区划归深圳直管，深圳与粤东地区的交通联系进一步加强，快速战略通道亟待建设。

根据《深圳市轨道交通线网规划（2016—2030）》和《深圳市高快速路网优化及地下快速路布局规划》，预计全市轨网规模将由上轮规划的750 km

增长至 1 142 km（含弹性发展线路约 53 km）。机荷—惠盐高速沿线将增加多条轨道线路。全市干线路网规模还将适度增加，尤其是原特区外与机荷—惠盐高速平行或相交的东西向通道。

（4）沿线用地层面：经判断，受机荷—惠盐高速公路沿线用地高强度开发、城市规划组团密集、一级水源保护区、重要交通设施等多方面因素影响，部分路段不具备大规模平面拓宽的条件，需要提出新的集约空间利用的解决方案来实现高速公路的大通道功能以及城市内部交通集散和转换功能的融合。

机荷—惠盐高速建设之前，沿线土地尚未纳入深圳市土地利用总体规划范围，随着高速公路的建成通车，出现了人口迅速向公路沿线聚集、建设用地沿公路不断增加的现象（此现象被称为“公路扩展效应”）。机荷—惠盐高速沿线多为高山峡谷，受其影响，高速沿线逐渐产生小规模的组团式建设用地发展，体现为一种受到干扰的公路扩展效应，这一时期，建设用地的主要类型为工业用地。随着城市空间的不断扩张，城市规划范围进一步拓展，机荷—惠盐高速沿线土地逐渐形成更为集中连片的建设用地布局。另外，在建设用地的具体类型上，沿线土地已由工业用地为主的局面转变为工业和住宅用地比例相当的建设布局，并且住宅用地密集。

1.2 城市道路的改造动因

结合城市交通发展所面临的困境，不难看出城市道路改造的动因，即满足市民需求和城市综合发展需求。具体可归纳总结为以下五个方面。

（1）随着深圳东进战略实施和沿线组团功能提升，未来区域交通需求将快速增长。

（2）干线路网结构不完善，存在结构性瓶颈。

（3）干线道路功能不清晰，不同性质交通混杂严重。

（4）道路通行能力不匹配，存在多处瓶颈路段及节点呈现常发性拥堵。

（5）受区域总体交通供给不足等因素影响，高峰期间部分道路交通拥堵严重，常规公交服务水平难以提升。

1.3 城市道路的分类和功能

城市是复杂、开放的巨系统。物与人的流动是城市发展与存在的必要条件，这些必要的流动形成了城市交通。一条条的道路组成了城市道路网，成为城市交通的重要载体。纵观城市发展历程，道路交通对城市发展和布局演变起到了巨大的支撑与引导作用。

1.3.1 道路的概念

道路是通行机动车（汽车、拖拉机、摩托车等）、非机动车（畜力车、人力车、自行车等）和行人的各种带状工程构筑物的统称，由路基、路面、桥梁、涵洞和各种排水与防护设施等组成。城市道路是指在城市范围内，供车辆及行人通行的具备一定技术条件和设施的道路。一般情况下，在城市道路建筑红线之间，城市道路由以下各个不同功能部分组成。

（1）车行道：即供各种车辆行驶的道路部分。其中，供汽车、无轨电车等机动车行驶的，称为机动车道；供自行车、三轮车等非机动车行驶的，称为非机动车道；供轻轨车辆或有轨电车行驶的，称为轻轨线或有轨电车道。

（2）路侧带：即车行道外侧缘石至道路红线之间的部分，包括人行道、设施带和路侧绿化带三部分，其中设施带为行人护栏、照明杆柱、标志牌、信号灯等设施的设置空间。

（3）分隔带：在多幅道路的横断面上，沿道路纵向设置的带状部分，其作用是分隔交通、安设交通标志及公用设施等。分隔带有中央分隔带和车行道两侧的侧分带两类。中央分隔带用以分隔对向行驶的机动车车流，侧分带则用以分隔同向行驶的机动车和非机动车车流。分隔带同时也是道路绿化的用地之一。

（4）交叉口和交通广场。

（5）停车场和公交停靠站台。

（6）道路雨水排水系统：如街沟、雨水口（集水井）、检查井（窨井）、排水干管等。

（7）其他设施：如渠化交通岛、安全护栏、照明设备、交通信号（标志和标线）等。

1.3.2 道路的功能

城市道路具有城市骨架、交通设施、城市空间、城市景观、市政空间与防灾减灾设施六大功能，是城市空间不可或缺的组成部分。

1. 城市骨架功能

城市道路网规划应紧密结合城市用地布局，引导城市用地合理发展。城市各功能区借助干路系统与交通枢纽构成有机联系的整体。在自然地形起伏较大或丘陵洼地情况下，通常道路沿等高线布置较为合理，这既可减少土方工程量，又可满足行车要求。

城市各级道路应成为划分城市各分区、组团、各类城市用地的分界线。例如，支路和次干路可成为划分小街坊或小区的分界线；次干路和主干路可成为划分大街坊或居住区的分界线；主干路和快速路及两侧绿带可成为划分城市分区或组团的分界线。

城市各级道路应成为联系城市各分区、组团、各类城市用地的通道。例如，支路可成为联系小街坊或小区的通道；次干路可成为联系各分区、组团内各大街坊或居住区的通道；主干路可成为联系城市各分区、组团的通道；主干路或快速路又可把郊区城镇与中心城区联系起来。

2. 交通设施功能

城市道路的功能必须同毗邻道路的用地（道路两旁及两端用地）性质相协调。道路两旁的土地使用决定了联系这些用地的道路上将会有什么类型、性质和数量的交通，决定了道路的功能；反之，一旦确定了道路的性质和功能，也就决定了道路两侧的土地应该如何使用。交通性道路两侧及两端不应安排可能产生或吸引大量人流的生活性用地，如居住、商业服务中心和大型公共建筑等；生活性道路两侧则不应安排会产生或吸引大量车流、物流的交通性用地，如大中型工业、仓库和物流中心等。

城市道路网规划应与城市用地规划结合，尽可能地减少不必要的往返运输和迂回运输。要尽可能把交通组织在城市分区或组团的内部，减少跨越分区或组团的远距离交通，并做到交通在道路网上的均衡分布。

城市道路网系统应主次分明、功能明确、快慢分离、各行其道，满足不同类别交通的要求，逐步形成不同的系统，如快速车行系统、常速混行系统、公共交通系统、自行车系统和步行系统等，使每个系统都能高效率地为不同的使用对象服务。

3. 城市空间功能

城市道路布局应尽可能使建筑用地取得良好的朝向，道路的走向最好由东向北偏转一定的角度（一般不大于 15°）。城市道路是城市的风道，要结合城市绿地系统规划，把绿地中的新鲜空气通过道路引入城市。因此，道路的走向既要有利于通风（一般应平行于夏季主导风向），同时又要考虑抵御冬季寒风和台风等灾害性风的正面袭击。交通噪声是城市交通带给城市环境的一大危害，应采取一系列措施降低噪声危害，如设置环路限制过境车辆进入市区、保证道路横断面中必要的防护绿地等。

4. 城市景观功能

城市道路景观是反映城市风貌的重要标志之一。城市道路与自然环境、沿街建筑群体、绿化布置及广场的有机结合，对城市的景观起着重要的作用。城市道路的景观不仅通过平面和纵断面线型的柔顺以及横断面各组成部分恰当的比例体现，还与绿化设施、沿街建筑的形式、道路附属设施、街道小品等有密切的关系。

5. 市政空间功能

城市市政工程管线，如给水管、雨水管、污水管、电力电缆、照明电缆、通信电缆、供热管道、煤气管道及地上架空线杆等一般都沿道路敷设。城市道路应根据城市市政工程管线的规划，为管线的敷设留有足够的空间。

6. 防灾减灾设施功能

城市可能遭受的灾害包括地震、水灾、火灾、风灾和其他突发性事故等。灾害一旦发生，需要尽快消灭次生灾害和抢救受灾人员。城市道路在这紧急时刻是否能确保交通畅通，对抢险救灾和防止次生灾害蔓延起着极大的作用。城市道路的规划、建设和管理必须考虑灾后救援、疏散交通的需求。

1.3.3 道路的分类

1. 相关规范

依据 1995 年施行的《城市道路交通规划设计规范》（GB 50220—95），结合《道路工程术语标准》（GBJ 124—88）以及各城市的实际情况，可将道路分为快速路、主干路、次干路和支路四类。

（1）快速路主要联系城市各功能片区或组团，快速疏解跨区间长距离大运量机动车流，既提高路网的总体容量和快速疏解能力，又减轻主次干路网的交通压力和交通污染的影响。快速路应尽量保证交通流的连续性，其设计行车速度为 60 ~ 100 km/h。

（2）主干路是交通性道路，承担跨区间中、长距离机动车交通流的输送，城市主干路可以是景观性道路。快速路和主干路共同构成城市交通的主骨架和主动脉，是城市机动车交通的主通道，其设计行车速度为 40 ~ 60 km/h。

（3）次干路的交通功能是为主干路和快速路承担交通分流和集散。因此，次干路兼具交通性和生活性两种主要功能，其设计行车速度为 30 ~ 50 km/h。

（4）支路如同人体的毛细血管，主要为地区或地块的出入交通或通达交通服务，其设计行车速度为 20 ~ 40 km/h。

2. 深圳标准

根据国内外城市道路功能划分的经验，深圳市城市道路按功能分为高速公路、快速路、干线性主干道、普通主干道、次干道及支路六级。其中，支路还可细分为集散性支路和出入性支路。高速公路、快速路和干线性主干道为城市干线道路。

高速公路的主要功能是解决过境交通、疏港交通和城市对外交通。由于深圳市既是区域中心城市，又是口岸城市、港口城市，过境交通、疏港交通和城市对外交通需求都很大，需要根据过境交通、疏港交通与对外交通的需求进行高速公路建设。高速公路的道路特征为全封闭，立交和出入口设置的间距较长，一般采用 6 ~ 8 车道加路肩的断面形式。

快速路主要承担城市组团间（或主要人口中心）的快速客、货运交通，以长距离交通为主；快速路实行全封闭管理，主道上禁止停车，但可在辅道上设置间距较长的公交快速线路停靠站。快速路主要供货车、长途客运车辆以及少量快速公交车辆使用。两侧设置辅道与周边用地连通，快速路与其他干线道路相交也须采用立交，但立交或出入口间距较小。快速路一般采用主道 6 ~ 8 车道、辅道 4 车道加分隔带和人行道的断面形式。

干线性主干道主要承担城市组团间尤其是相邻组团间的较长距离交通，普通主干道则主要承担相邻组团间及组团内部各主要功能片区的客、货运交通，干线性主干道和普通主干道均有为高速公路、快速路交通进行集散的功能。主干道一般禁止建筑物的正面开口。主干道上禁止非公交停车，要求机非分离，高峰时间可禁止货车和摩托车进入，与其他主干道主要采用灯控平面交叉，少用立交，与次干道均采用灯控平面交叉。主干道主要供公交车、其他客运车辆和中、小型货车使用。干线性主干道一般采用 6 ~ 8 车道加人行道（必要时设置分离的辅道）的断面形式，普通主干道一般采用 6 车道加人行道的断面形式。

次干道的功能是组团内各片区间的交通联系，分配组团内部交通，对城市主干道交通进行集散，并与主干道一起形成城市干道系统。次干道主要连通社区级居住区、商业区、就业区和休闲场所，但一般不深入居住区内部。次干道上一般禁止停车，限制建筑物正面开口，高峰时间可视需要限制货车进入。与其他次干道主要采用灯控平面交叉，与支路交叉视需要决定是否采用灯控，也可仅进行交叉口渠化。次干道主要供公交车、其他客运车辆及中、小型货车使用。次干道一般采用 4 ~ 6 车道加人行道的断面形式。

集散性支路的功能是进行干道系统与出入性支路间的集散，提供居住区、商业区和工业区内部的联系和出入。集散性支路一般进入居住区，但并不连续地穿越居住区。集散性支路主要供社区内部交通和公共交通使用，行车速度较低，转弯车辆较多，应限制穿过性交通进入，但不应形成“断头路”。集散性支路实行停车限制，一般不限制建筑物的正面开口，支路间交叉一般不设灯控。集散性支路一般采用 2 ~ 4 车道加人行道的断面形式。

出入性支路的功能是出入，主要解决通达各建筑物的交通，因而各种性质的用地内都有，如居住小区道路、工业区道路等。出入性支路主要为集散性支路集散交通，因而出行距离较短，交通量较小，行车速度较慢。出入性支路可以设成“断头路”，以避免与小区无关的交通通过。出入性支路允许停车，除安全方面因素外，不限制建筑物的正面开口。出入性支路一般采用 2 车道加人行道的断面形式。

深圳市城市道路功能分级体系如表 1–1 所示。

表 1–1　深圳市城市道路功能分级体系

<table>
<tr><th>序号</th><th colspan="2">道路等级</th><th>主要功能</th></tr>
<tr><td>1</td><td colspan="2">高速公路</td><td>承担过境交通、疏港交通及城市对外交通</td></tr>
<tr><td>2</td><td colspan="2">快速路</td><td>承担城市内部各组团间的长距离快速交通</td></tr>
<tr><td>3</td><td colspan="2">干线性主干道</td><td>承担城市内部邻近组团间的中长距离交通</td></tr>
<tr><td>4</td><td colspan="2">普通主干道</td><td>承担组团内部各功能片区间的交通</td></tr>
<tr><td>5</td><td colspan="2">次干道</td><td>承担组团内部各功能片区间以及片区内部的交通，并对城市主干道交通进行集散</td></tr>
<tr><td rowspan="2">6</td><td rowspan="2">支路</td><td>集散性支路</td><td>进行城市干道系统与小区道路之间的交通集散</td></tr>
<tr><td>出入性支路</td><td>解决通达各建筑物的交通</td></tr>
</table>

1.4 街道概念及分类

1.4.1 街道的概念

街道指的是在城市范围内，全路或大部分地段两侧建有各式建筑物，设有人行道和各种市政公用设施的道路。就概念而言，道路较为强调交通功能，可以根据交通功能划分为若干等级；而街道强调空间界面围合、功能活动多样、迎合慢行需求，根据沿线建筑使用功能与街道活动分为不同类型。

1.4.2 街道的分类

根据周边的服务业态不同，街道的服务对象也有着很大的不同，对街道的设计也有不同的需求。综合考虑沿街活动、街道空间景观特征和交通功能等因素，可以将街道划分为五类，包括商业型街道、居住型街道、办公型街道、景观休闲型街道和综合型街道。

1. 商业型街道

商业型街道（图 1–1）的服务业态主要为商业活动。这类街道根据商业门类不同，可分为零售型商业街道、餐饮类商业街道以及大型专业市场服务街道。不同类型的商业街道服务人群不同，设计侧重点也不尽相同。

图 1–1 商业型街道示意图

零售型商业街道需要给使用人群提供舒适的慢行活动空间，尽可能地降低车辆行驶速度，配备较为密集的街道座椅、垃圾箱、指路标识等街道家具；餐饮类商业街道应鼓励建筑退线空间统一利用，形成商业外摆，配备较为密集的街道家具，并应提供较为充足的停车位；大型专业市场服务街道应注意考虑大型货车的通行及装卸货需求。

2. 居住型街道

居住型街道（图 1–2）是位于居住片区内，满足居住人群日常生活的街道类型。居住型街道慢行空间使用活跃，街道两侧一般以居住为主，并较多布置有为人们服务的商业以及其他服务性建筑等。

图 1–2　居住型街道示意图

居住型街道使用者多为社区居民，街道是其生活场景的一部分。街道活动分为必要性活动、自发性活动和社会性活动三种。必要性活动需要街道具备基本功能，即车行、人行等；自发性活动要求街道有着宜人的环境、完善的街道家具、优美的街道绿化及适宜的街道设施；社会性活动是“连锁性”活动，只要能够改善必要性和自发性活动就能够促成社会性活动。另外，典型居住片区对于安静的街道环境有着较高要求，应避免街道噪声对居住人群产生影响。

3. 办公型街道

办公型街道（图 1–3）的服务业态主要为办公生产活动。这类街道对公共交通有着很强的依赖性，在早晚高峰时段人流密集，应当保证慢行交通空间尺寸充裕。

办公型街道的使用者多为周边办公人员，出行相对集中，在早晚高峰易造成人流拥堵；办公人流对公共交通有着很强的依赖性，对建筑与交通设施的连接有着较高的需求。

图 1–3　办公型街道示意图

4. 景观休闲型街道

景观休闲型街道（图 1–4）的服务业态主要为休闲观景活动。这类街道往往周边环境优美，并较多布置有为人们服务的商业以及其他服务性建筑等。

景观休闲型街道是慢行活动相对活跃的街道，对慢行空间的使用品质有着较高的要求，并且在特定的位置有着使用人群驻足观景的需求。

图 1–4　景观休闲型街道示意图

5. 综合型街道

综合型街道的服务业态为两种或两种以上。这类街道服务人群种类较多，需求也较为庞杂，要求街道设计更为均衡，能够尽可能地满足多种使用人群的需要。

综合型街道在设计之前应当进行完善的现场调研，准确定位街道使用人群的行为习惯，并根据主要人流的行为习惯，综合商业、居住、办公、景观休闲的街道设计要点，平衡各功能之间的主次关系，确定街道的功能需求。

第 2 章　深圳市城市道路概况

2.1　城市概况

新时代开启新征程，深圳将以习近平新时代中国特色社会主义思想为指导，以先行示范为标准，大力提升交通运输综合竞争力，率先创建交通强国城市范例。“十三五”期间，深圳交通发展注重补短板、增效率、促协调，初步形成国际性综合交通枢纽总体框架，成功入选交通强国首批试点单位，一系列改革性、创新性工作走在前列，为全市经济社会发展作出了积极贡献。

2.1.1　发展成就

深圳主动落实国家战略部署，统筹推进海陆空铁多种交通方式协调发展，稳步推进品质交通体系建设，顺利完成综合交通“十三五”规划主要目标任务。

1. 综合交通体系引领对外辐射新格局

深圳国际性综合交通枢纽建设进入快车道，世界级集装箱枢纽港、国际航空枢纽、国家铁路枢纽、国家公路主枢纽、国家物流枢纽建设全面提速，面向国内国际的辐射带动能级进一步提升。

（1）世界级集装箱枢纽港功能全面强化。深圳港发展成为全国最大的液化天然气（LNG）接卸港、华南地区超大型集装箱船舶首选港。2020 年完成集装箱吞吐量 2 655 万标准箱，位居全球第四。创新构建“盐田 – 惠州”和“蛇口 – 顺德”组合港模式，成为国内首个实现喂给港和枢纽港间一次报关的港口。

（2）国际航空枢纽建设不断提速。深圳机场卫星厅、第三跑道等建设有序推进，基本实现高峰期双跑道独立运行，高峰小时航班容量增至 55 架次，国际航线增至 60 条，年国内旅客吞吐量和国际旅客吞吐量分别超过 5 000 万人次和 500 万人次，跻身全球最繁忙大型机场行列。

（3）国家铁路枢纽地位进一步确立。赣深高铁、深茂铁路深圳至江门段建设有序推进，西丽、机场东、光明城等高铁枢纽启动前期规划研究工作，深汕高铁、深南高铁等纳入国家上位规划。

（4）国家公路主枢纽地位进一步巩固。高速公路总里程达 388 km，连通省内外主要城市。外环高速一期建成通车，深中通道、深汕第二高速、机荷—惠盐高速改扩建等项目建设有序推进。

（5）国家物流枢纽服务水平稳步提升。建成综合运输服务示范城市，商贸服务型、空港型物流枢纽入选国家物流枢纽建设名单。连续 5 年成功举办国际物流与供应链博览会，开通“湾区号”中欧班列。2020 年，全市物流业增加值达 2 767 亿元。

2. 区域交通设施融合发展进入新阶段

初步形成涵盖城际铁路、高快速路、水上客运、通用航空、口岸等多方式的区域交通网络。

（1）城际铁路规划建设加快推进。穗莞深城际新塘至深圳机场段建成通车，穗莞深城际南延线、深大城际、深惠城际等启动前期工作。

（2）高快速路区域性服务功能进一步强化。南坪三期、坂银通道等建成通车，全市高快速路通车里程达 595 km。坪盐通道、春风隧道等加快建设，侨城东路北延等项目前期工作加快推进。收回龙大、南光、盐排等高速公路特许经营权，实现免费通行。

（3）深港跨界交通持续优化。广深港客运专线全线开通，西九龙口岸实现“一地两检”，莲塘口岸及东部过境高速（莲塘口岸至梧桐立交）建成启用。开展深港跨界货运组织调整，启动皇岗口岸重建和深圳湾口岸优化提升工程。开通河套深港科技创新合作区至香港科技园直通巴士，开通深港跨境直升机航线。

（4）区域交通一体化服务水平稳步提升。联合东莞、惠州开通跨市公交线路 30 条，覆盖长安、塘厦、松山湖、凤岗、惠阳等临深重点发展片区。开通或加密至广州、珠海、中山等城市的水上客运航线。

3. 综合交通服务品质发展取得新成效

以民生需求为导向，大力推动绿色低碳交通系统发展，持续推进交通拥堵综合治理，改善市民交通出行环境，保障全市交通平稳运行，综合交通服务品质进一步提升。

（1）公共交通主体功能不断强化。日均公共交通客运量突破 1 000 万人次，荣获首批“国家公交都市建设示范城市”称号。开通地铁 6 号线、8 号线一期、10 号线等，全市城市轨道交通运营里程增至 411 km，日均客运量超过 550 万人次。进一步优化常规公交财政补贴政策，建成月亮湾等立体综合车场。

（2）推动运输装备绿色化发展。公交车和巡游出租车 100% 实现纯电动化，全球规模最大、应用最广。积极创建国家首批绿色货运配送示范工程。制定鼓励物流车辆纯电动化发展政策，2020 年全市新能源物流车达 8.5 万辆，成为全国新能源物流车保有量最大的城市。港口岸电设施覆盖率达 80%，使用规模居全国沿海港口首位。

（3）提升交通环境品质。完成 90 个片区交通微循环改造，打通 138 条“断头路”。有序推进全市交叉口渠化岛、危桥边坡、路缘石和人行道改造整治，交通设施品质宜行水平全面提升。制定《深圳市占用挖掘道路管理办法》，完成福田口岸、深圳湾口岸等重点区域交通改善工程。

（4）持续加大交通治理力度。加强停车管理工作，建成 43 个小汽车机械式立体车库。推进路边停车泊位建设，新增 8 800 个宜停车泊位，推动原特区内外停车一体化发展。优化调整小汽车增量指标配置额度，实施东部景区小客车预约通行管理措施。

（5）支撑科技高地战略地位提升。高标准编制光明科学城、西丽湖国际科教城、河套深港科技创新合作区等全市科技发展重点片区交通规划，对接引入区域重大战略交通设施，以国际视野打造街道空间，塑造科技高地内部生活与交往活力空间。

（6）智慧交通助力管理效率提升。交通技术创新和产业发展全国领先。智慧交通产业规模大、集聚性强、产业链条齐备，在大数据计算、5G 技术应用、智能网联汽车测试等方面走在全国前列。实现网约车许可等“秒批”政务审批模式，交通行业管理水平稳步提升。

（7）新冠疫情防控工作有力有序。应对新冠疫情，在“两站一场一港口”配置检测设备，构筑“外严防输入、内严防反弹”防疫阵地，严守入深大门。全国首发“公交同乘信息系统”，创新推出“一车一码”“一地一码”，为疫情防控提供精准溯源。全力保障防疫物资运输，保证供港物资充足稳定。

2.1.2 存在不足

目前，对照建设全球标杆城市、交通强国城市范例的要求和人民日益增长的美好生活需要，深圳综合交通体系在支撑国家战略部署落地、推动区域融合发展、引领经济社会高质量发展等层面仍存在不足，有待进一步发挥交通“先行官”功能。

1. 枢纽与通道能级难以支撑国家战略落地

深圳交通枢纽与通道仍存在辐射能级偏低的问题，影响全球高端要素资源配置能力的进一步提升，制约国内经济腹地进一步拓展。深圳港口运量大但高端航运服务弱，金融、保险、法律、船舶交易等目前仍处于起步阶段。深圳与长三角、京津冀等城市群陆路联系超过 10 小时，难以实现与主要城市群之间的协同发展。

2. 区域交通体系难以支撑深圳发挥粤港澳大湾区核心引擎功能

对比国际一流城市群、都市圈，深圳区域交通联系仍以路网方式为主，城际铁路存在明显短板，目前仅开通穗莞深城际，与大湾区其他城市尚未形成服务一体、能力充分的城际铁路网络。路网方面，西向与中山、珠海之间缺乏直达跨江通道，东向路网通行能力趋于饱和。

3. 公共交通服务水平和城市道路运行效率亟待提升

全市机动化出行需求、平均出行距离等仍处于快速增长阶段，公共交通可达性与交通拥堵综合治理水平等方面亟待加强。深圳通勤圈已扩大至莞惠临深地区，但公交 1 小时可达范围仍局限在深圳机荷—惠盐高速以内地区，难以满足城市发展需要。小汽车出行强度居高不下，中心城区道路拥堵里程从 2016 年的 146 km 增加到 2020 年的 340 km，拥堵时长由高峰期向平峰期蔓延。

4. 交通领域减碳成为深圳碳达峰工作的重点和难点

深圳交通运输仍处于能源结构、运输结构优化调整攻坚期，交通碳排放在全市碳排放中的占比约为 40%。港口集疏运体系仍以公路为主导，海铁联运、水水中转比例偏低，小汽车中新能源比例仅为10%，公共交通出行分担率仍需进一步提升。全市碳达峰碳中和工作迫切要求加快交通运输绿色低碳转型发展。

2.1.3 发展形势

1. 双循环新格局要求提升交通枢纽能级

以国内大循环为主体、国内国际双循环相互促进的新发展格局，要求深圳交通发挥先行引领作用，提升面向国内国际的辐射能力。应着力发挥海港及空港在深圳与国内国际城市联系中的枢纽功能，进一步提高港口、机场的国际竞争力和影响力，加快实施重点通道连通工程和延伸工程，形成陆海内外联动、东西双向互济的开放格局，支撑深圳经济腹地和辐射范围不断拓展。

2. “双区”建设要求交通支撑区域协同发展

“十四五”是推进“双区”建设的关键时期，深圳将积极完善以城际铁路和高快速路为主体的互联互通网络，形成更加高效畅达的区域综合交通体系，推动融合高效的综合立体交通网络建设，引领世界级湾区、中国特色社会主义先行示范区建设。

3. 高质量发展要求提升绿色出行竞争力

2019年深圳绿色交通出行分担率为78%，在国家碳达峰碳中和战略要求下，应坚持绿色交通发展理念，以提高人民出行幸福感、获得感、安全感为导向，全面促进交通高质量发展，探索超大城市交通绿色集约发展新模式。

4. 资源紧约束条件要求探索交通治理新范式

应对空间、资金等诸多资源紧约束，以及不断涌现的自动驾驶、智慧道路、共享交通、超级高铁等交通新技术、新业态、新产业、新模式，深圳交通进入治理体系和治理能力现代化建设深化期。“十四五”期间，深圳应积极推动交通新基建领域先行先试，在基础设施、能源结构、装备工具等层面不断优化创新，全面推动综合交通运输与服务提质增效。

2.2 社会经济发展状况

改革开放以来，深圳充分发挥区位优势，把握住了时代发展机遇，迅速发展为全国性经济中心城市和国际化城市。近年来，深圳坚持以习近平新时代中国特色社会主义思想为指导，全面贯彻落实党的十九大和十九届历次全会精神，深入贯彻习近平总书记对广东、深圳重要讲话和重要指示批示精神，认真落实党中央、国务院各项决策部署、省委“1+1+9”工作部署和市委“1+10+10”工作安排，坚持稳中求进工作总基调，完整、准确、全面贯彻新发展理念，统筹疫情防控和经济社会发展，扎实推进粤港澳大湾区、中国特色社会主义先行示范区建设，全市经济社会发展迈上新台阶，实现“十四五”良好开局。

根据广东省地区生产总值统一核算结果，2021 年深圳实现地区生产总值 30 664.85 亿元，比上年增长 6.7%（图 2–1）。其中，第一产业增加值 26.59 亿元，增长 5.1%；第二产业增加值 11 338.59 亿元，增长 4.9%；第三产业增加值 19 299.67 亿元，增长 7.8%。第一产业增加值占全市地区生产总值的比重为 0.1%，第二产业增加值比重为 37.0%，第三产业增加值比重为 62.9%。人均地区生产总值 173 663 元（按年平均汇率折算为 26 918 美元），增长 5.0%。

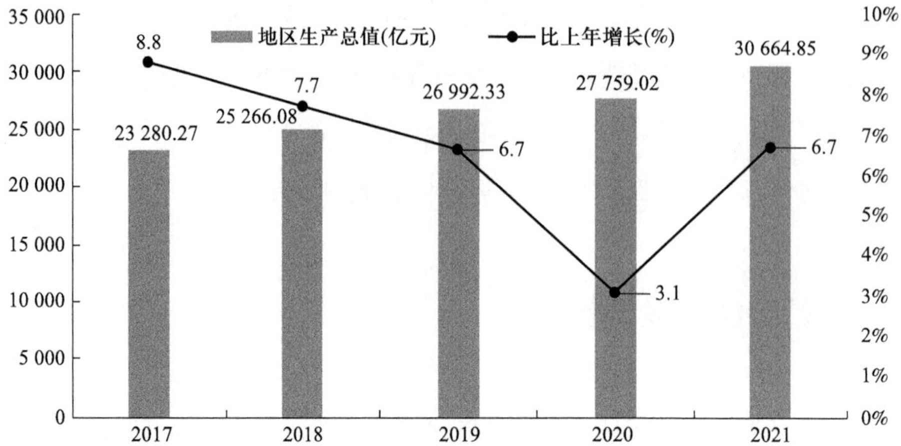

图 2-1　2017—2021 年深圳地区生产总值及增长速度

2.3　道路交通发展状况

2.3.1　历程回顾

1.《深圳特区对外干线道路网规划》(1990 年)

1990 年，深圳市编制完成了第一版干线道路网规划。该规划确定了深圳特区快速路网规划方案和对外交通干道网规划，总规模约 380 km。其中原特区内干线道路全长 100 km，主要包括：由沿河路、布心路、泥岗路、北环路组成的北环线，全长 29 km；由沿河路、春风路、滨河路、桂庙路、滨海大道组成的南环线，全长 26 km，并通过罗沙路、沙盐路连接东部地区；南北向联络干道，包括文锦路、爱国路、皇岗路、香蜜西路、沙河西路、麒麟路、海港路等。对外干线道路系统约 280 km，主要包括：广深珠高速公路、梅观高速公路、机荷高速公路、深惠公路、深汕公路、广深公路、南头至石岩至罗田一级公路、沙头角至坎岗沿海干线公路、布吉至平湖一级公路、松岗经观澜龙岗至核电站外半环高等级公路等。

1990 年版干线道路网规划确定的原特区内路网骨架，支撑了深圳城市沿带状组团快速发展，并通过二线口岸与对外干线道路有机连接，将深圳特区与其他城市联系起来，为过境交通提供快速、方便、安全的交通条件，为深圳特区的发展和香港的繁荣稳定提供了坚实的保障。

2.《深圳市干线道路网规划》(2004 年)

2004 年，深圳市编制完成了第二版干线道路网规划。该规划制定了全市“七横十三纵”的高快速路网总体布局方案，其中“七横”分别为沿一线快速通道、南环快速路、北环快速路、南坪快速路、机荷高速公路、盐坝高速公路及外环路；“十三纵”分别为西部过境通道—沿江高速公路、海滨大道、南沙路、广深高速公路、南光路、福龙路—龙大路、龙观快速路、皇岗路—梅观高速公路、清平路、丹平路、龙盐路、东部过境高速公路—深惠(深汕)高速公路及盐排高速公路，合计约 715 km。

2004 年版干线道路网规划超前布局了全市域干线道路网，并在城市西、中、东三个发展走廊带布局“高速 + 快速”组合通道，兼顾了对外效率与城市交通服务，支撑了原特区内产业升级转型和传统加工制造业外迁，推动了深圳城市从原特区内向全境拓展，初步锚固了城市多中心、组团化空间结构。

3.《深圳市干线道路网规划(修编)》(2015 年)

2015 年，深圳市编制完成了第三版干线道路网规划，基本延续“七横十三纵”路网体系，提出规划期内取消南沙快速路及沿一线，新增侨城东路北延、龙坪盐通道、南光路北延等南北向快速路以及新外环快速等，形成新的“七横十三纵”高快速路网结构。其中：“七横”自南向北依次为滨河大道—滨海大道、盐坝高速公路—深盐二通道、北环大道—泥岗大道、南坪快速路、机荷—深汕高速公路、外环高速公路、外环大道(由龙岗北通道平龙东路至深惠路段以及绿梓大道组成）；“十三纵”自西向东依次为西部过境通道—沿江高速公路及大铲湾支线、海滨大道、广深高速公路、丽明大道（南光路）、福龙路—龙大高速公路、华观大道（龙观快速路）、皇岗路—梅观高速公路、玉平大道（清平路）、丹平路、东部通道—深惠高速公路、盐排高速公路、盐龙大道（龙盐路）、龙坪盐通道，合计约 759 km。

面向贯彻落实《珠江三角洲地区改革发展规划纲要》精神、积极应对建设国家公交都市示范城市新形势、适应深圳城市初步迈向存量发展阶段，第三版干线路网规划有效推进了特区内外一体化发展进程，并初步转向公交优先、与轨道交通协调发展的阶段。

4.《深圳市干线道路网规划》（2020—2035 年）

在深圳市国土空间总体规划和综合交通发展策略的指导下，深圳应率先探索出超大城市空间高效集约、体系效益更优的交通发展路径。引导道路与轨道交通协调发展，构建网络开放、空间均衡、集约高效、绿色低碳的干线道路网络，实现“10、60、90”的道路可达性目标（即 10 分钟进入高快速路网、60 分钟全市域可达、90 分钟连接都市圈主要城市中心、湾区高速全面联通），支撑大湾区畅联、都市圈一体、全市域高质量发展。

至 2035 年，规划构建“八横十三纵”的高快速路网体系，总里程约 998 km；干线性主干路 955 km。其中：“八横”自南向北依次为滨海大道—滨河大道—沿河路、罗沙路快速通道—深盐二通道—盐坝高速—深汕跨海高速、月亮湾大道—北环大道—泥岗大道、南坪快速路—深汕第二高速、深珠通道—西乡—丹梓大道、深中通道—机荷连接线和机场南路以及福洲机荷联络线—机荷高速—深汕高速、外环快速、外环高速—外环高速西延；“十三纵”自西向东依次为沿江高速—西部过境通道、滨江大道—海滨大道、广深高速、南光路—沙河西路—望海路—兴海大道、龙大路—福龙路—香蜜湖路、龙观快速路—侨城东路、梅观路—皇岗路、清平路、丹平路、盐排高速—博深高速、盐龙大道、东部通道—深惠高速、龙坪盐通道。

2.3.2 发展现状

1. 建设现状

目前，深圳市“七横十三纵”高快速路建设全面铺开，已经建成“五横八纵”高快速路，总里程 603 km；在建及开展前期工作 156 km。具体线路图与建设实施情况见表 2-1。

2. 运行现状

干线道路网络随着城市空间拓展、产业外迁不断向外延伸，满足了城市不同阶段发展的交通需求。现状已建成的高快速路网基本实现联系全市重点产业片区，市域大部分地区实现 10 分钟内进入高快速路系统。现状道路与轨道交通共同承担了全市日均 4 460 万人次全方式出行、1 925 万人次机动化出行，基本满足居民出行需求。高快复合的干线道路网络及物流设施体系，有力支撑了产业空间拓展及生产生活物资的高效流通。全市工作日早、晚高峰道路平均车速分别为 27.4 km/h 和 24.7 km/h，路网总体运行效率同比国内一线城市处于较高水平。

随着城市发展的变化，全市高快速路网承担的交通量逐年增长，局部高快速路承担了比原规划预期更大的交通量，呈现拥堵常态化趋势。根据“深圳市道路交通运行指数系统”平台显示，全市高快速路高峰拥堵路段里程约 223 km。

表 2-1　深圳市高快速路网建设实施情况一览表

	通道名称	等级	里程（km）
七横	滨河大道—滨海大道	快速路	22
	北环大道—泥岗大道	快速路	27
	南坪大道（南坪快速）	快速路	69
	外环大道	快速路	39
	外环高速	高速公路	93
	机荷连接线—机荷高速—深汕高速	高速公路	75
	盐坝高速—深盐二通道	高速公路	43
十三纵	西部过境通道—沿江高速(含沿江高速支线)	高速公路	39
	海滨大道	快速路	29
	广深高速	高速公路	44
	丽明大道（南光路）—沙河西路	快速路	44
	龙大高速—福龙路—香蜜湖路	高速公路、快速路	43
	华观大道（龙观快速路）—塘朗山隧道—侨城东路	快速路	28
	梅观高速—皇岗路	高速公路、快速路	29
	玉平大道（清平路）	快速路	20
	丹平路	快速路	16
	盐排高速	高速公路	15
	盐龙大道（龙盐路）	快速路	18
	东部通道—深惠高速	高速公路、快速路	45
	龙坪盐通道	快速路	21
合计			759

2.4 道路交通存在的问题

2.4.1 城市对外出行交通压力巨大

2020 年（10 月工作日），深圳对外陆路出行客流日均双向 238 万人次，其中仅深莞惠跨界出行便达双向 196 万人次，公路出行占比达 80%。目前深圳北向往莞惠及广州的区域高速公路基本饱和，受深莞惠快速路跨市衔接不畅影响，深圳对外北向通道供需压力日益严重。另外，深圳等城市向西跨珠江口道路出行总量达 20 万标准车 / 日，南沙大桥开通即拥堵，深圳往西的跨湾通道设施明显不足。

2.4.2 外围城区东西向通道拥堵日益加剧

现状外围城区东西向共有外环高速、机荷—惠盐高速、南坪快速 3 条高快速路，其中，机荷—惠盐高速和南坪快速交通拥堵较为严重。机荷—惠盐高速最高断面流量近 17 万标准车 / 日，饱和度高达 1.57，日均拥堵时长超过 10 小时；南坪快速最高断面流量 12.4 万标准车 / 日，饱和度达 0.89。由于外围城区东西向高快速路网间距达 8 ~ 10 km，大量长、短距离交通均混杂于上述通道，致使上述道路通行效率降低、拥堵严重，难以适应外围城区快速发展的需求。

2.4.3 市域关键走廊通行效率不足

近年来，深圳中心城区与外围城区客流保持高速增长，跨原二线关客流从 2010 年的双向 282 万人次 / 日增加至现状的双向 507 万人次 / 日，增长

79%。轨道在高峰期已成为跨关客运主力，2020 年早高峰进关方向轨道交通占机动化比例超过 63%。尽管轨道交通承担了大部分通勤出行需求，但跨关主要通道如梅观路、清平路、南光路、龙大路等高快速路以及新彩通道、坂银通道、107 国道等均趋于饱和。特别是联系中心城区内外的高速公路免费后，为通勤出行提供了大量免费道路资源，吸引大量小汽车跨关出行，导致中心城区对外通道压力大大增加。梅观路、清平路等流量增长 30% ~ 50%，车速下降 30% ~ 50%，光明、龙岗、大鹏等城区与中心城区通行时间增长 10 ~ 20 分钟，外围城区与中心城区快速联系功能被削弱。

第 3 章　深圳城市道路改造策略

3.1　经验借鉴

3.1.1　韩国首尔清溪川

1. 概述

20 世纪 70 年代，为缓解城市快速发展所带来的交通需求，首尔市政府在河道封盖上建设道路，并修建了 4 车道的高架桥，伴随百姓生活了 600 多年的清溪川成为城市主干道之下的暗渠。由于污水排放所带来的水质恶化日益加剧，其上路面受到侵蚀，同时高架桥不堪多年大运量交通重负而受损，与之相伴的噪声、粉尘、拥堵等环境污染问题也日益严重。工程和环境问题的凸显，使得清溪川及其上道路的修复与改造势在必行。2002 年，首尔市政府提出拆除高架桥复原清溪川的计划，实施水环境治理和复兴改造综合策略，将工业化时期的钢筋水泥还原为城市生态商业游憩中心区。复原工程实施段 5.48 km，总造价约为 3 800 亿韩元（约 3.6 亿美元）（图 3–1）。

2. 具体方案

1）构建亲水空间

清溪川河道分为上游、中游和下游三段，为了满足人们对于亲水空间的需求，在规划设计中，将河道设计成复式断面的形式，人行步道贴近水面，这种做法十分巧妙地拉近了人与景观的距离，空间氛围感强，且不同河段的亲水平台变化多样，趣味横生（图 3–2）。上游人车分行，以休闲观赏的互动式亲水空间为主；中游设植物群落和小型休息场所，驳岸用自然石块和野生乡土植物护坡，并在两岸之间设流水瀑布和景观喷泉；下游注重大规模植物群落构建，并用过河石阶连接河道两侧，增添了无限乐趣。

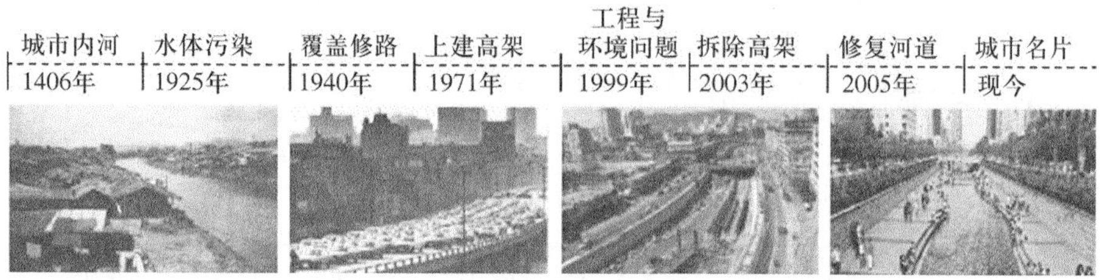

图 3–1　首尔清溪川的历史变迁

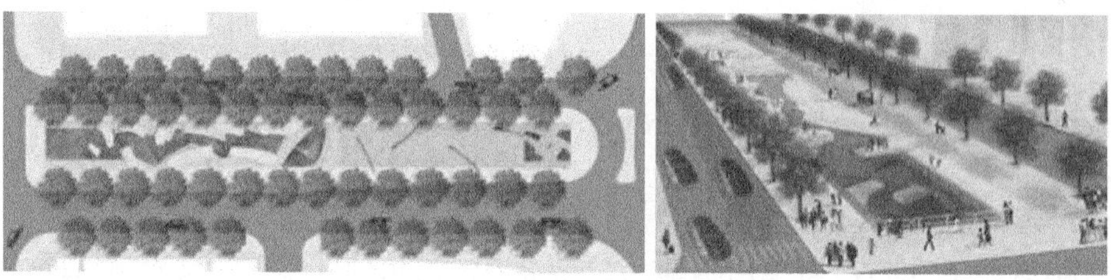

（a）局部平面图　　（b）亲水平台效果图

图 3–2　构建亲水空间

2）建立安全生态廊道

为了应对全球气候异常带来的夏季暴雨频繁问题，政府召集多方力量进行了河流截面设计，以确保清溪川拥有充分的蓄水堤防，能够抵挡 200 年一遇的洪水量。在清溪川的上游和下游修建堤防和高堤组成复合式截面，在中游路左侧设置矮堤和主通行路构成双复合式截面（图 3–3）。不仅如此，清溪川改造十分注重废弃物的再利用，巧妙地利用场地内覆盖物，避免了降雨初期的污水直接流入清溪川。

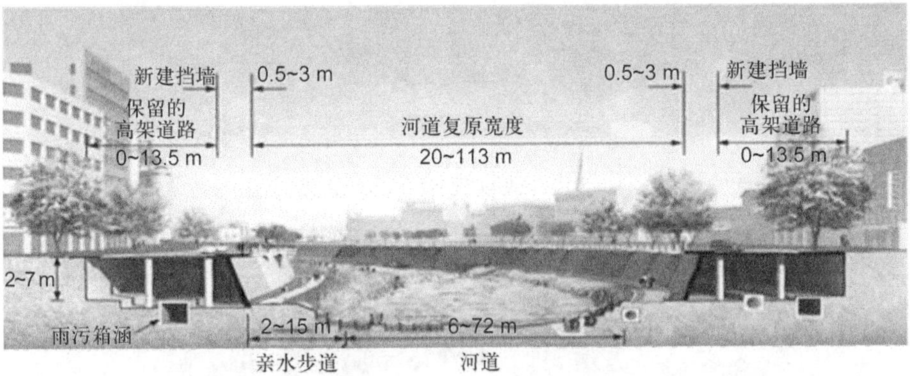

图 3–3　河流复合式截面设计

3）截流式合流制排水系统

在清溪川复原工程中，水质问题是影响该工程最终成果的关键一步，为了告别作为“城市下水道”的黑旧历史，清溪川建立了新的独立的污水处理系统，即截流式合流制排水系统［图 3–4（a）］。该系统将生活污水和工业废水通过一个管道送至污水处理厂，经处理后再排入水体。雨水收集方面，在合流式的基础上设置了阻断集中式管道和 CSO 管道［图 3–4（b）］，很大程度上减少了水体的溢流和倒灌。这种排水系统对整合城市污水起到了良好的作用，恢复后的清溪川如一面明镜，倒映出城市的美好画卷。

4）多渠道水源供给

在水源问题上，主要从三个方面向清溪川供水：一是引用经处理的汉江原水；二是利用附近地铁站地下水；三是利用中水。清溪川的平均水深在 40 cm 左右，满足了人们亲水的需求，保障了河水的稳定性，实现了清溪川源流的活力。

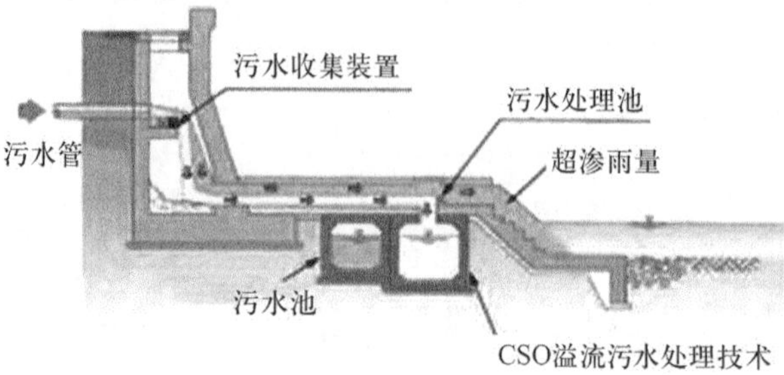

（a）排水系统

（b）管网铺设

图 3-4　截流式合流制排水系统

5）生态修复与历史文化紧密结合

清溪川的修复十分注重生态与历史、文化和自然的关系，它是多元统一的有机体，是主线与重点并行的设计典范。其西段曾是朝鲜王朝的王宫所在地，如今是政治经济中心。该段以历史为主线，以跌水瀑布、错落的亲水平台为重点，体现了现代与历史的呼应。中段以文化为主线营造生境，设计充分发掘场地文化，考虑人们的传统活动以及文物古迹的复原等。东段以自然为主线，重点放在自然景观的营建上，保证了各种生物栖息的环境，在植物选取上多采用野生植物，唤醒了人们对自然的呵护、敬爱之情。

6）营造自然生境，倡导和谐共生

采用多种方式营造动植物生长、繁衍、栖息的自然环境。如为鸟类创建湿地，设置自然堤防、可管制绿地；为鱼类设置鱼道、急湍、水潭等。据统计，在清溪川生态恢复的 5 年中，其场地内的植被结构与物种有了明显的变化，自 2006—2010 年植物种类分别为 328 种、446 种、444 种、471 种和 510 种，河道内还出现了 3 ~ 5 种濒危物种。

3. 启示与借鉴

清溪川复原工程创新了城市水环境综合整治的方式方法，以一种全新的理念，复兴和活化了一条具有历史文化底蕴、人与自然和谐共处，兼顾生态环境友好和经济发展活力的生态内河，被城市规划界誉为“21 世纪城市生态革命真正的开端”。清溪川复原工程对我国城市内河水环境整治的经验与启示主要有六个方面。

1）体现人水和谐、城水共生的意识

人水和谐、城水共生是首尔市建设生态城市的基本原则和重要步骤，清溪川复原工程处处考虑了自然与人文的和谐统一，尤其是它的景观设计，创造出了河流回归自然、生态和谐的美感。我国大多数河流在整治过程中往往侧重对单一功能的提升，为满足防洪安全需求，多采取简单的裁弯取直和硬化河床、固化河岸等方式，这不仅割裂了河流与周边要素的有机联系，也阻碍了人与水的交流，亲水功能和服务功能都得不到充分挖掘。因此，水环境综合整治应注重河道潜在亲水功能和服务功能的开发，处理好人与水、城与河的关系，通过适宜的生态型设施植入，还原河道原有亲水活水的特性，营造人与河流和谐相处的意境。

2）完善净水和清水型基础设施

清溪川复原工程通过铺设截污管道和完善污水处理系统，从源头上减少污染物的直接排放，结合河床清淤疏浚，减少内源污染物向水体释放。工程布局了大量的人工湿地和动植物栖息地，综合多项水质净化技术提升水体的自净能力；结合汉江地表水、净化雨水和再生水（深度净化污水厂出水）作为水源补充，充分保障清溪川水体生态流量，维持了长效稳固的水生态环境。由此可见，对于河道水环境治理，外源截流和内源控制设施是基础和前提，人工净化技术作为阶段性手段，清水补给和生态修复技术是长效措施。城市污水处理厂深度处理后的再生水可作为城市河道的主水源，对于国内多数河流水资源供应能力不足的城市，应积极开展现有污水处理厂的提标升级改造工作，提高再生水的利用强度，在保障河流生态补给水量的同时，进一步提高水环境质量。

3）水域陆域同步修复、有机融合

为恢复清溪川自然生态环境，保持生物多样性，复原工程将水域生态和陆域生态的同步修复视作重点。河床采用有利于水体自净的泥土、卵石或大粒沙等自然材料，河道主体塑造出自然河川的主流深潭、浅滩小岛、急流瀑布相间的灵动格局，通过建设水生物及鸟类栖息地、沼泽地和人工湿地等，增加了生物的多样性。河道两岸护坡和堤岸，平面绿化和垂直绿化有机结合，选用生命力强、适合当地气候特征的挺水植物、沉水植物及藤本植物，将不同纲目和花色的植物科学分层搭配，塑造多样化生物形态，达到水质净化、涵养水源、科普观赏和经济价值的有机统一。

4）城市滨水空间的渗透和营造

清溪川复原工程注重亲水驳岸空间的利用，通过提炼原有场地历史文化“浣衣石”，利用滨水驳岸及桥下空间，修筑大量可容纳大型活动又为日常所用的亲水平台，并赋予特有的文化意象。这种将沿河带状的活力空间节点有序串联起来，配合堤岸两侧的独有墙面壁画的人性化空间营造，极大地激发了市民与河流产生亲密互动的意愿，实现了滨水景观向街道空间渗透，同时将人群活动植入亲水空间。因此，水环境综合整治项目滨水空间的营造需要充分尊重历史和场地记忆，在有限的自然资源内与空间形成良好的配合，以营造驳岸空间多样性为基础，以历史文化展示推动河道复苏，为都市人群提供亲水、乐享的交流场所。

5）深挖人文底蕴，提升城市品质

清溪川复原工程综合统筹协调了生态环保、交通疏导、休闲游憩、景观营造、延续文脉、城市发展、人居环境等多方面功能。注重对历史遗迹的恢复和重建，有效延续和传承当地传统文化，展示了悠久的河流文明，并依托亲水空间建立起人与水、水与城的情感纽带。通过打造人水和谐、安全优质的亲水空间，塑造了良好的城市品质，提供了宜居的人居环境，提升了沿河两岸土地的经济价值，带动了清溪川片区经济社会的高质量发展。

6）支持鼓励公众参与

政府的科学决策、公众的广泛参与、制度的公开和完善都是清溪川整治工作成功实施的关键因素。水环境综合整治作为民生工程，更加需要集思广益、群策群力，通过鼓励倡导公众参与，多渠道征求公众意见，建立有效通达的反馈机制，有利于提高政府决策的科学性，避免环境治理资金的无效投入。因此，公众参与机制应贯穿水环境综合整治项目全流程。首尔市政府积极邀请专家组织、企业团体、居民等社会各界力量参与，形成完整的决策团队，充分保障沿河流域居民的知情权、建议权和监督权，让公众真正成为生态文明建设的参与者和践行者，共享绿色发展红利。

3.1.2 中国台湾中山高速

1. 概述

中山高速纵贯台湾省西部地区，连接基隆、高雄两个海港和桃园、高雄两个航空港，是台湾省综合运输网中重要的组成部分，是一条重要的运输大动脉。中山高速于1978年建成，北起基隆市，南至高雄市，全长372.9 km，双向4~8车道，设计速度100~120 km/h。

近三十余年来，由于都市人口的快速集中，来往台北都会区与邻近的桃园、新竹地区的交通量大增，使得中山高速北部路段饱和拥塞，双向4~8车道已难以满足该段交通需求，既影响区域发展，更影响地区整体竞争力。鉴于此，亟须对中山高速五股—杨梅段进行拓宽，以疏解台北与新竹之间的交通，串联沿线科技产业聚落，畅通往返桃园国际机场的车流。

由于道路沿线存在地形、用地条件限制较大，穿越地质高危险区等情况，部分路段不具备平面拓宽建设条件，局部路段更是仅能实现单侧拓宽建设。中山高速五股—杨梅段拓宽工程系利用现有高速公路两侧兴建高架桥，途中行经林口路段属地质敏感坡地时，在高速公路单侧兴建高架桥，两度跨越高速公路。由于跨越桥不得在现有高速公路上设置桥墩，故跨越桥主跨径达216 m，为目前台湾省最大跨径之钢梁桥。

2. 具体方案

1）总体方案

中山高速是台湾省南北方向交通动脉，由于短距离交通汇聚，2009年在该段既有地面双向8车道上新建双向6车道高架桥，其中高架设双2HOV车道，全长40 km（图3–5）。

2013年竣工后，日流量为15万~20万辆，由于全线40 km仅设一个节点和一对上下匝道，造成高架双向6车道流量仅为4万~5万辆/日，地面双向8车道流量为11万~15万辆/日。

图 3-5 地面双向 8 车道 + 两侧高架双向 6 车道

2）工程重难点

该工程中五股—林口段的拓宽，因地形及用地之限制，全线高架紧邻既有高速公路两侧布设，施工空间极为局限。为避开里程 37K ~ 40K 处岩层崩滑之地质敏感高危险潜势区，北上线高架桥于里程 37K+000 附近跨越中山高速平面车道至南下线侧，与南下线采用双层共线设置（北上线置于上层）。避开敏感路段后，于里程 39K+900 附近再度跨越中山高速回归原北上线侧（图 3-6、图 3-7）。该段全长 2.85 km，较传统做法采光与景观较好。

两处跨越桥为避免影响原有中山高速行车运转且考虑施工安全性，不于既有高速公路上立墩，而均采用大跨度桥梁配置，中央跨径达 216 m；而两处跨越桥间之双层共线桥梁为避免侵入紧邻的大窠坑溪，也避免遮蔽日照，其下构采用单柱式双层桥面偏心桥墩。

3. 启示与借鉴

1）立体改扩建适用于建设、用地条件等受限的道路拓宽工程

一方面，台湾省地幅狭小，人口稠密，工程建设用地受限，早期建设的高速公路已难以适应快速增长的交通出行需求；另一方面，随着用地管理的

紧约束、城市建设的快速扩张，道路沿线用地条件、建设条件也会随之发生改变，制约了道路改造条件。通过在道路原线位新建立体道路、增加车道数量的方式，相较于道路平面拓宽节约了用地，更适合紧约束情况下的道路改扩建项目，可有效提升道路通行能力。

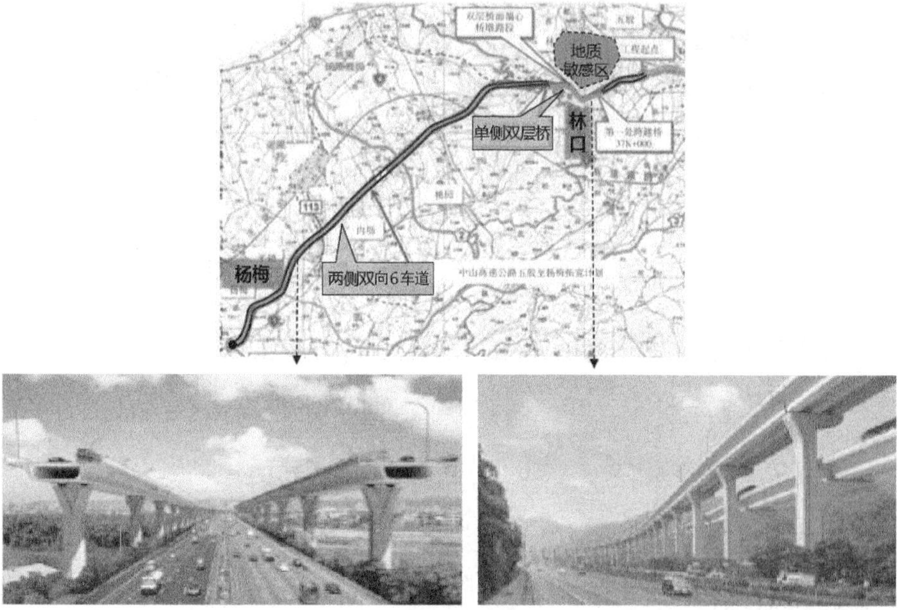

图 3-6　全线布局

（a）示意图　　（b）实景

图 3-7　单侧 F 型双层高架

2）立体层适当布置衔接转换节点，有利于均衡立体层、地面层车流

由于中山高速五股—杨梅段改扩建工程全线 40 km，仅设一个节点和一对上下匝道，从而导致立体层和地面层的交通流量与交通饱和度失衡的情况。一方面，转换节点少导致立体层对沿线地区服务能力较弱，仅能承担长距离的交通联系需求，中距离的交通联系需求仍需依赖地面层道路出行；另一方面，地面层与立体层衔接匝道少，立体层无法利用地面层立交进行转换，进一步减弱了立体层的交通服务能力，地面层承担大量中长距离的交通需求，交通压力仍较大。因此，道路采用立体改扩建方式进行改造时，应结合沿线交通出行需求，合理布置立交转换节点和上下衔接匝道，在分离立体层、地面层交通功能的同时，也要兼顾均衡地面层和立体层的交通需求。

3.2 深圳城市道路改造思路

3.2.1 公路市政化改造思路——以盐坝高速和梅观高速为例

【改造动因】

盐坝高速作为深圳东部地区的重要通道，途径大梅沙、小梅沙、溪涌、土洋、葵涌、坝光等片区，承担第一圈层东西向交通联系和各组团之间及与中心城区的联系功能。梅观高速公路位于深圳市中部综合组团，途经龙华新区、龙岗区，是港、深、莞走廊的重要组成部分，主要承担沿线地区与市中心区的快速交通联系功能，同时承担深圳市中心城区、沿线地区与东莞方向的交通联系，是深圳往东莞方向的对外出入通道，也是中部综合组团内部交通联系道路和公交服务走廊。根据深圳市干线路网规划，两条道路规划功能定位均为城市快速路。

高速公路主要承担过境交通、疏港交通及城市对外交通需求，快速路

主要承担城市内部各组团之间长距离快速交通需求，存在明显的功能定位差异。现状盐坝高速和梅观高速收费站均已撤销，但主体道路及交通设施仍然大部分是高速公路标准，与规划的城市快速路性质要求差距较大，对沿线地区服务明显不足，亟须推动市政化改造。

动因一：横断面形式不能体现快慢交通分行的交通组织思路。盐坝高速和梅观高速现状横断面资源分配已不适应现状交通需求类型结构，快慢交通混行，交通运行效率偏低，需要合理分配道路断面资源，实现快慢交通分行；同时，盐坝高速和梅观高速沿线的地形特点导致道路与沿线相交道路或地块出入口无法直接形成良好的衔接关系，需要增加过渡性的慢速交通道路与沿线两侧形成合理衔接关系。

动因二：节点布局不能体现对沿线地区的均衡交通服务。盐坝高速和梅观高速现状沿线交通出入节点数量及分布已无法适应交通需求增长趋势，对外交通组织运行缺乏效率，节点交通压力轻重不一，需要合理增加和优化对外出入节点分布，调整对外交通组织方式，增强对沿线地区的交通服务。

动因三：节点形式不能体现不同交通流衔接的专门要求。盐坝高速和梅观高速现状部分节点形式交通转向不全、占地规模偏大，且缺乏针对不同等级衔接道路交通流的差别化衔接要求，需要合理调整不同节点的立交形式，实现差异化交通组织。

动因四：公交慢行设施不能体现与沿线地区的衔接服务。盐坝高速和梅观高速现状公交、慢行设施缺乏，与沿线周边的公交和慢行网络都处于割裂或衔接不畅的状态，需要合理增加公交、慢行交通设施，加强公交、慢行设施与周边路网的对接，强化公交与慢行交通服务。

【改造思路】

盐坝高速和梅观高速改造方案应综合考虑高速主路、辅路及周边路网的功能定位与沿线地形条件、土地利用情况，构建主辅路系统，结合前后节点位置及形式等，合理布局主辅路出入口、转换节点，并通过完善公交设施，优化出行结构。

1）快慢分行——主路快畅，辅路通达

考虑未来盐坝高速和梅观高速同时承担中长距离的快速交通与沿线片区的中短距离交通联系，在各个片区位置设置主路和辅路，分离快速交通和慢速交通。主路保证快速交通通行，通过合理地设置辅路出入减小进出交通干扰，保证长距离通过性交通与中长距离对外交通的快速通行条件。新建（改建）辅路加强与沿线片区道路衔接，保证沿线交通快速集散与出入，完善沿线微循环系统，增强对沿线地块的服务。

2）节点分级——功能差异，主次有别

考虑未来盐坝高速和梅观高速兼具通过性交通与沿线片区出入交通，加强节点交通转换作用，原则上与重要次干道及以上等级道路相交节点应实现交通转换。按相交道路功能、等级划分立交节点等级，分为“枢纽立交”“一般立交”和“简易立交”三个级别，实现立交节点功能与交通转换需求的协调统一。

枢纽立交：与高快速路相交节点，按实现全方位、连续、快捷车流转向设置全互通立交；与重要干线性主干道相交节点，原则上应实现全方位车流转向，根据交通功能与建设条件，采用连续全互通立交或间断流菱形立交。

一般立交：与一般干线性主干道、普通主干道、重要次干道相交节点，原则上采用连续半互通立交或间断流菱形立交。有条件的，应尽量实现全方位车流转向；条件受限时，应实现直行加右转功能。

简易立交：与交通功能相对较弱的次干道相交节点，原则上采用分离式立交，条件允许且具备需求时可实现直行加右转功能。

3）接入分层——分层组织，先后有序

按照相交道路功能、等级划分接入层次，分为“快—快接”“快—慢接”和“慢—慢接”三个层次，实现不同功能性质、速度车流的合理衔接，促进交通均衡化分布。

快—快接：主路快速交通与相交高快速路或重要干线性主干道主线快速交通直接衔接，实现车流行驶的连续性与快速性。

快—慢接：主路快速交通通过主辅路开口进出辅路，辅路与相交主次干道衔接实现车流转换；原则上在各节点上下游安排主辅路开口，根据节点重要程度合理取舍。

慢—慢接：辅路交通与相交次干道或支路衔接实现车流转换，设辅路出入口。

4）公交优先，结构优化

公交系统改造的基本原则是引入常规公交服务，方便乘客换乘与过街，尽量减小对道路通行能力的影响，并有利于公交车辆的安全停靠与驶离。

引入公交线路：主路可以布设公交快线（不设站），提高区域公交服务水平，尤其是往来市中心区方向公交服务；普通公交布设在辅路上，并可在辅路公交站点停靠，加强服务沿线邻接片区公交出行功能。

增设公交停靠站点：根据道路沿线地块公交使用需求及建设条件，合理布局公交停靠站点位置，选取合适的公交站点建设规模，采取港湾式公交停靠站形式。

划设公交专用道：根据道路沿线地块公交出行需求规模，考虑在辅路上划设公交专用道并尽量保持连续，保证公交车辆优先通行权。

协调公交停靠站与周边地块、行人过街设施的关系：从交通便捷性角度考虑，公交停靠站应贴近交通出行源点，并协调与人行横道、人行天桥或地道的位置，提高公交换乘的便利性。

3.2.2 道路立体改扩建思路——以机荷—惠盐高速为例

【改造动因】

机荷—惠盐高速是国家高速公路网中沈海高速（G15）的重要组成部分，途经宝安中心组团、西部高新组团、中部综合组团、中部物流组团、龙岗中心组团和东部工业组团。六大组团集中了深圳市工业、高科技和物流等产业，作为第一圈层核心区发展的后备地区，是未来深圳市发展建设的重要圈层。

机荷—惠盐高速是粤港澳区域较早建设的高速公路之一，也是深圳市第二圈层东西向重要的联系通道，兼具沈海高速和城北绕城高速的双重功能，交通区位优势显著。机荷—惠盐高速是联系惠深两地最为便捷的通道，也是深圳通往粤东和福建、江西等地区的最便捷的通道。同时，作为深圳市第二圈层东西向唯一贯通的干线道路，也承担了深圳市内组团间的交通联系功能和周边路网交通的集散功能。

近年来，随着国家和区域形势发生重大变化，人口、土地、资源和环境的紧约束持续加剧，交通出行需求迅速增长，致使机荷—惠盐高速服务水平逐年下降，目前全线已降至六级服务水平，无法满足高速公路的大通道功能以及城市内部交通集散和转换功能融合的需要。

动因一：交通拥堵的常态化使得机荷—惠盐高速成为全省高速公路网中典型的交通瓶颈。近 10 年来，机荷—惠盐高速交通量急剧增长，年增长率达到 9.5%，导致车辆行驶速度降低、服务水平下降，交通拥堵已成为常态，2019 年机荷—惠盐高速全线平均交通量达到 13 万 pcu/d，远大于设计交通量。

动因二：全线交通流量将迎来新一轮的增长，机荷—惠盐高速交通运行及安全形势进一步恶化。根据广东省高速公路网规划，机荷—惠盐高速向西延伸建设深圳至中山跨珠江口通道，随着深中通道的建成，未来湾区东西两岸交通联系将进一步加强，机荷—惠盐高速将承担大量的过境交通，且主要承担面向粤港澳大湾区东西向的货运交通。同时，随着宝安中心、龙华中心和龙岗中心的快速交通联系日益紧密，机荷—惠盐高速作为第二、三圈层最重要的城市高速路，同时将承担大量城市组团间和对外的交通。

【改造思路】

机荷—惠盐高速作为国家高速的一部分，应具备快速、安全、舒适的行驶条件以及较高的营运效益，但同时须与周边土地及环境相互协调。坚持“以人为本”“全面、协调、可持续”的发展观，遵循“安全、环保、舒适、和谐”的设计理念，最大限度地保证安全，体现人文关怀，实现“人、车、路”的协调发展。

根据预测，机荷—惠盐高速至少需要双向 12 ~ 16 车道规模。若平面直接拓宽，存在无法解决过境交通、深圳市对外及市内长距离交通功能混杂等问题。拓至双向 12 ~ 16 车道后拆迁量远大于 30 万 m^2，协调难度大；沿线一级水源、基本农田、高压电、高压燃气调整迁改难度大；主线过宽，车辆与转换节点进出车流交织严重；新增立交转换节点困难，对客流影响较大等。

通过借鉴国内外高速立体改扩建方案，如中国台湾中山高速、西班牙巴塞罗那 C-58 公路等，车道规模较大的高速公路改扩建多采用立体改造模式。

根据机荷—惠盐高速需求预测结果，机荷—惠盐高速改扩建宜采用立体改造模式，其中立体层主要承担中长距离过境交通，地面层主要承担中短距离城市内部交通。同时，考虑立体层工程投资、建设难度等因素，采用以桥梁形式为主的立体层设置方式，实现道路整体扩容，满足通道交通需求。

3.2.3 道路复合化改造思路——以皇岗路为例

【改造动因】

皇岗路南起广深高速皇岗收费站，贯穿福田中心区，北接梅观高速，与广深高速、滨河大道、深南大道、红荔路、笋岗西路、北环大道、南坪快速等高快速路及主干道相交，规划为城市快速路，是深圳市高快速网络系统的重要组成部分，也是深圳市中部发展轴上一条重要的轴向通道。皇岗路的交通功能：一是承接中心区以及皇岗口岸地区与龙华及以北区域的快速交通联系功能，促进中部轴线发展，即解决跨关的过境交通需求；二是服务中心区、口岸片区城市生活，承担中心区、口岸片区内部及相互转换交通。

随着龙华区等北部区域的快速发展，未来深圳市第二、三圈层与第一圈层之间的联系将更加紧密。同时福田区也面临着大规模的城市更新，未来梅林片区、彩电工业区、福田保税区改造以及河套地区的开发亦为中部轴线带来新的交通压力，现有通道能力将无法适应未来交通需求，亟须推动道路快速改造。

动因一：现状皇岗路交通功能混杂，跨原二线关的中长距离交通与口岸片区、中心区内中短途的转换交通混杂。

动因二：皇岗路北环以北局部路段仍为双向 6 车道，与全线双向 8 ~ 10 车道的断面形式不匹配。同时，北环—皇岗立交南北主线车道数不足及中心区 3 处灯控节点通行能力不足，导致交通拥堵频发。

动因三：未来皇岗路沿线城市更新体量将占据福田区总更新体量的约 31.6%，大量的城市更新将产生巨大的交通出行需求，皇岗路沿线片区与原特区外联系交通需求及皇岗路沿线周边片区转换交通需求将大幅增长，进一步加剧皇岗路的交通压力。

【改造思路】

根据需求预测及功能定位分析，现状皇岗路地面段通行能力已经不能满足未来交通需求，存在较大缺口，因此快速化改造首先要对皇岗路进行扩容，解决能力不足问题。另外，由于皇岗路地处福田中心区，道路两侧为城市建成区，东侧为福田区规划打造的中心公园，西侧为现状居住区，道路功能复杂，兼具中心区过境及中心区服务交通功能。因此，皇岗路的快速化改造必须处理好城市景观、用地与交通系统的关系，不能为了解决快速交通需求而割裂城市空间。皇岗路快速化改造主要通过地面道路改造及地下道路建设，构建地面－地下双通道系统，打造中部轴线复合客运走廊。

地下扩容（地下快速系统）：提高皇岗路整体容量，打造中部轴线高效道路交通走廊。地下快速通道实现跨圈层的快速联系功能，承接皇岗口岸、保税区、河套片区及中心区与龙华及以北区域的快速联系功能，促进中部轴线发展。地下快速通道分离皇岗路过境及服务性交通，中长距离交通利用地下道路快速通过，实现皇岗路的快速交通功能。同时，通过地下空间的利用，避免了对城市景观的影响及用地的分隔。

地面提升（地面快速系统）：消除现状道路交通瓶颈，提高运行效率。地面快速通道实现皇岗路沿线转换交通的快速联系功能，承担皇岗口岸、保税区、河套片区与中心区之间的快速交通联系，减轻沿线节点交通压力。针对沿线节点、局部路段通行能力不足等问题进行改善，提升地面道路通行效率，消除道路瓶颈。

3.2.4 瓶颈路段疏通思路——以春风隧道为例

【改造动因】

深圳市中心城区的现状快速路网系统中，北环大道、泥岗路、布心路共同构成北环快速路系统；滨海大道、滨河大道、船步路高架、春风路高架、沿河南路构成南环快速路系统。北环和南环贯穿深圳中心组团，承担南山、福田、罗湖间快速联系功能。沿河北路连接北环、南环快速路，作为东环快速路，与北环、南环共同构成深圳中心城区的内环快速路系统。内环在承担沿线片区间快速联系功能的同时，也起到了分离过境交通、保护中心城区的功能。

其中，南环快速路系统罗湖区春风路高架段、船步路高架段受沿线建筑及地形条件限制，存在路线圆曲线半径过小、车道数量减少等问题，导致主线在该路段通行能力折减严重，形成交通瓶颈，并“倒灌”至滨河大道、沿河南路等，亟须改造疏通道路瓶颈。

动因一：道路通行能力不匹配，存在多处瓶颈路段及节点呈现常发性拥堵。春风路高架技术标准低，导致两侧通行能力不匹配。滨河大道主线双向 8 车道、辅道双向 3 车道，沿河路主线双向 6 车道、辅道双向 8 车道，但中间衔接滨河路和沿河南路的春风路高架为双向 4 车道，造成车道数、路段通行能力严重不匹配，随着道路早、晚高峰出行需求的增长，使得拥堵扩展至全段；同时受用地限制，滨河大道—春风路高架多个路段存在技术标准低、前后通行能力不匹配等问题，且无法通过常规改造提升通行能力，形成顽固性交通瓶颈。

动因二：沿线城市建设和城市更新的不断推进，交通需求增长要求尽快疏通瓶颈。现状滨河大道沿线开发程度较高，沿线居住及就业用地较为集中，高峰期片区自身即有着较高的对外出行需求。随着近期蔡屋围、鹿丹村等城市更新项目的实施，致使滨河大道沿线不仅要承担片区对外出行，还要承担市域范围内的东西向和南北向交通流，交通压力大，区域交通流与过境交通流相互干扰，致使通行不畅。未来大量的中短距离交通流集聚，与现状大量的过境交通需求相互交织，加重南环通道拥堵程度。

【改造思路】

为完善全市干线路网体系，提高市中心南环通道通行能力，实现中长距离过境交通与短距离对外出行交通的分离，并加强市中心与东部地区的横向快速交通联系，消除现状干线道路结构性瓶颈，均衡区域交通流分布，缓解罗湖区交通拥堵，主要采取以下两方面的策略。

分流减压：完善干线路网，通过新增道路设施实现区域路网分流，均衡道路流量分布，缓解交通拥堵。当前罗湖区干线路网存在结构不完善并呈现结构化交通拥堵问题，为消除拥堵瓶颈，同时加强罗湖与东部地区的快速联系，亟须推进大型道路设施建设，通过新增通道、打通分流通道等手段对道路交通流重新进行分配，同时优化交通组织，分离中短距离交通以及跨组团间的长距离过境性交通，实现区域路网流量均衡分布，从系统上缓解片区交通拥堵。

扩容增供：改造提升瓶颈路段及节点通行能力，增加道路设施供应，缓解交通拥堵。针对干线道路中既有或潜在的瓶颈路段及节点进行扩容提升，新建滨河大道—沿河南路地下联系快速通道（春风隧道），通过道路拓宽改造、节点扩容提升等手段提高道路通行能力，增加道路设施供应。

春风隧道西起滨河大道上步立交东侧与滨河大道顺接，由西往东布线，东至沿河路新秀立交西南侧与沿河南路顺接，与现状春风路高架共同构成罗湖区南部东西向复合通道，承担罗湖区中长距离过境交通，原春风路高架承担沿线片区交通集散功能。春风隧道以地下隧道形式，通过道路重新选线、选址，优化道路圆曲线半径，避开春风路高架段、船步路高架段受沿线建筑及地形条件限制的路段，消除道路瓶颈，从微观层面缓解交通拥堵。

3.2.5　道路下沉改造思路——以滨海大道为例

【改造动因】

滨海大道是深圳市东西向骨干快速路，是全岸线展示面最大、最能体现滨海特色的路段。滨海大道定位为城市快速路，主线承担沿线跨组团及组团间的中长距离快速交通需求，辅路承担沿线重要相邻片区间中短距离交通需求，同时承担深圳市西部滨海活力景观走廊功能。现状滨海大道对沿线地块交通服务不便，且滨海大道（红林段）南侧无辅道，形成交通瓶颈，高峰期交通拥堵。另外，滨海大道对两侧地块分制严重，道路南侧现状深圳湾公园活动空间狭窄。随着未来深圳湾城市功能的进一步提升以及超级总部基地（简称“深超总”）高起点、高定位的开发建设，对滨海大道（深超总段）的城市、交通服务功能提出了新的要求和挑战。

动因一：滨海大道现状存在交通瓶颈，需进行扩容改造提升。现状滨海大道（沙河东路—广深高速段）沿线地块开发强度低，目前交通状况相对较好，但也处于拥堵的临界值。未来随着深超总的开发建设以及沙河西路、侨城东路快速化改造实施，交通压力将进一步增大，从完善干线路网的角度，需要进行扩容改造提升。

动因二：深超总高强度开发，大量进出交通需依托滨海大道解决。深超总规划约 550 万 m^2 开发量，到发交通需求大；但深超总周边路网受华侨城、湿地公园分隔，未来到发交通主要依赖滨海大道解决，滨海大道将同时承担大量过境和到发功能，交通量高度集聚，交通压力将进一步增大，需提前应对。

动因三：深超总规划打造 T 形绿轴，滨海大道改造可提供更高品质公共空间。深超总定位为世界级城市超级总部基地，更高的城市定位和更多的岗位，要求更多高品质的城市公共空间。深圳湾公园是核心区唯一能体现滨海城市特色的名片，现状深圳湾公园内多为绿化，公共活动空间不足，高峰期拥挤不堪。

【改造思路】

根据深超总提出规划打造 T 形绿轴的设计理念，参考国内外先进城市案例，对滨海大道实施下沉改造后，将深超总及现状深圳湾公园形成一体化的滨海活力公园，可提供更高品质的公共空间，并加强公交和慢行系统的高品质服务。

整体下沉，释放地面空间：滨海大道（深超总段）设置地下主线隧道双向 8 车道 + 辅线隧道双向 6 车道。其中，主线隧道主要承担过境交通功能，与辅线隧道之间不存在交通转换；辅线隧道除了承担部分过境交通外，更多的是服务于深超总地下停车场及地下公共交通枢纽。

内部分层、多点衔接：滨海大道下沉，深超总地面道路无法与滨海大道辅道连接，需要利用深超总地下道路增加进出通道，以满足未来高强度开发所带来的交通需求。构建"地下快速路 + 地下环路 + 地块车库"的三级道路衔接体系，保障深超总进出交通的同时，减小对滨海大道交通的影响。

3.2.6　旅游公路塑造思路——以盐梅路为例

【改造动因】

深圳东部滨海公路由深盐路、盐梅路、深葵路、葵鹏路、迭福路构成，全长约 36 km，承担着东部滨海地区的交通走廊功能，盐梅路（盐田港至背仔角）是东部滨海公路的重要组成部分。盐梅路大部分路段毗邻滨海岸线，观景条件好，且通道串联了中英街、盐田食街、大梅沙、小梅沙等旅游资源，具备作为滨海旅游观光道路的先天基础。

动因一：盐梅路现状车行、慢行、景观和旅游服务等基本功能存在不足，亟须改造提升。一是部分路段路况较差，等级低，线形差，行车舒适性和安全性不足，边坡防护有待加强；二是停车观景设施匮乏，沿线观海视线不佳，游客近海而不亲海；三是沿线慢行系统不完善、不连续，局部路段人车混行，存在安全隐患；四是沿线交通设施和旅游服务设施设置水平低，自驾与慢行、公交与慢行之间的转换衔接不完善，现状滨海慢行栈道和片区绿道使用率不高。

动因二：完善滨海旅游基础设施与公共服务体系，提升东部山海生态度假区旅游基础设施与旅游服务，助力深圳打造大湾区滨海旅游目的地。随着大湾区区域融合的加快，盐田将成为湾区核心向东联系的关键门户，作为深莞惠都市圈、东进战略的桥头堡，盐田未来对外辐射力将进一步增强，盐田得天独厚的山海资源优势，将成为东部滨海地区旅游锚点。东部滨海旅游观光公路是广东省滨海旅游公路的重要一环，是深圳抢占粤港澳大湾区滨海旅游业高地的重要抓手，为了完善全域旅游服务，需要打造高品质的东部滨海旅游观光公路，将散布的旅游资源整合为一个有机整体。

【改造思路】

立足“交通 + 旅游”融合发展理念，从景点游向全域游转变，以海岸带作为陆海空间耦合的重要发展轴带，推进岸带陆海协同发展，完善滨海旅游基础设施与公共服务体系，重点营造“听海、乐海”的滨海度假胜地及“慢、静、雅”的滨海生活，建设贴近海岸、串联景点、融入生态、快慢和谐、服务完善的复合型公路旅游休闲廊道，打造粤港澳大湾区“最美滨海旅游观光公路”。

从车行系统、慢行系统、景观系统、系统融合、人本设施和品质提升六大方面着手，提升改造标准和景观品质，增加自驾、慢行和公交游客的亲海体验。

车行系统：针对现状存在的道路线形不佳、路段加宽不足、边坡安全性差等问题，对路段进行局部加宽改造，提升行车体验。

慢行系统：按 4 ~ 6 m 标准全面梳理沿线慢行空间，保障充足的慢行空间和慢行连续性，提供高标准、高要求、高质量的慢行体验。

景观系统：梳理道路两侧绿植，打造通透、有序的景观形象，结合沿线自然风貌和城市设计，打造“一段一景”旅游体验。

系统融合：挖掘用地空间，适当增加临时停车点，引入小运量和旅游微巴，提供多方式旅游观景体验。

人本设施：从使用感受和使用需求出发，打造“有细节、有温度、有情怀”的城市公共设施，塑造具有高辨识度的城市印象。

品质提升：精细化设施设计，精雕细琢打造高品质设施细节。

3.2.7 活力街区打造思路——以莲花路和创新大道为例

【改造动因】

莲花路为福田中心区东西向主干道，未来将串联香蜜湖新金融中心和中心公园金融科技产业带，是福田区中轴发展“两翼”的主通廊，展现福田中心未来城市面貌的形象窗口。莲花路沿线以居住、公园绿地功能为主，呈“半山半城”的特征。

南山创新大道 (科苑大道) 南起深圳湾、北至西丽湖，对接深圳湾口岸、西丽高铁站两大门户枢纽，串联深圳湾口岸、后海总部基地等七大市级重点区域和项目，自然资源禀赋优越，通山达海景观条件良好，区位优势突出，是南山区面向大湾区产业与交通的门户大道。

莲花路和创新大道是片区重要的门户大道、形象大道，但现状存在街道活力不足、空间缺乏统筹、品质不佳等问题，亟待提升。

动因一：街道活力不足，缺少人文关怀。缺少可供行人驻留的场所和活动空间，街道空间单调乏味。同时，慢行体验不佳，慢行道宽度与实际需求契合度不足，部分路段自行车道缺失，无法满足现状需求或引导未来慢行发展。

动因二：道路空间缺乏统筹，路权分配不合理。人行道、路侧绿化带、建筑前区空间、自行车停放点等各成体系、相互割裂，导致空间紧张与空间闲置矛盾并存。

动因三：交通设施建设标准低，景观性与舒适性有待改进。道路铺装和各类设施等在景观与品质方面设计不足。慢行道铺装风格不统一、陈旧，且局部路段破损严重。

【改造思路】

以构建一条以深圳人文精神为路径，通过营造多元活力街道、打造安心有序交通、塑造品质和谐街道，将莲花路和创新大道打造为国际领先、国内一流的高品质示范街道。

由“干道”转变为“街道”：实现“通行道路—活力街道”的本质转变，塑造“门户大道”的新概念，以新目标塑造新秩序。从传统交通功能过道转化为具有活力、安全、功能复合的门户大道，通过连续的绿化界面、舒适的步行空间、人性化的节点设计等重塑街道人文气息。

统筹道路空间资源，重塑街道形象：对街道两侧较为混乱的人、车空间进行统一改造，提升道路带状空间的纪念性营造。要实现街道的整体塑造，需要对道路红线内外进行统筹，对管控的范畴和内容进行拓展，将设计范围从红线内部拓展至红线以外的沿街空间，将关注对象从单纯路面拓展至包括两侧界面的街道空间整体。

发掘并保留街道的文化底蕴：在发掘并保留传统街道历史文化的同时，综合考虑现代的社会活动，创造出有新活力的街道。注重街道公共设施家族化、一体化、精细化设计，风格统一，体现工匠精神。

第 4 章　深圳城市道路改造实践

4.1　盐坝高速市政化改造工程

4.1.1　项目概况

盐坝高速沿线片区作为粤港澳大湾区的东部核心，未来与深圳市区及惠州等区域的联系将会快速增加。为贯彻国家“一带一路”倡议以及泛珠三角区域合作战略，利于拓展发展空间，发挥深圳经济中心城市辐射带动作用，深圳市提出了“东进战略”，并制定了《深圳市实施东进战略行动方案（2016—2020 年）》（以下简称《方案》)。《方案》提出着力打通交通发展瓶颈，以轨道交通为先导，高快速路网为支撑，打通战略通道，构建海陆空铁综合交通体系，全面缩短与市中心区、周边城市的时空距离。

受曾经高速公路管理模式影响，现状盐坝高速沿线各个片区的进出都必须经由盐坝高速且限制出入，盐坝高速全线仅有 6 个收费站形式的出入口，对片区服务能力较弱，致使旅游高峰时段拥堵较为严重，道路可靠性低。

盐坝高速是广东省高速公路 S30 中的一段，全长 31.5 km，主线双向 6 车道，设计速度 80 km/h。盐坝高速自 2016 年 2 月 7 日零时起取消收费，为增加盐坝高速沿线片区服务功能提供契机。

随着人口的进一步集聚，盐坝高速沿线的出行需求也将快速增长，既有路网已不能满足交通需求。因此，迫切需要优化沿线交通组织，同步改善沿线相关片区路网，增强服务功能，改善出行条件，支撑片区发展。

盐坝高速市政化改造工程是落实深圳市东进战略、改善东部片区交通的重点项目，必须加强道路功能完善、景观艺术设计，广泛采用 BIM 技术、装配式建筑、大型机械化设备等新技术、新工艺、新设备，以一流标准、一流质量加快建设，全力打造东部景观大道和精品工程。

4.1.2 改造目标

改造盐坝高速公路，在保障长距离及对外交通功能的前提下，坚持公交优先，尽量改善为沿线片区服务功能，并结合道路改造提升道路景观，打造广东省滨海旅游公路标志性工程。

4.1.3 总体改造方案

以安全为导向，以创新和智慧为动力，构建东进战略的快速通道、景观最美的旅游走廊和科技创新的智慧走廊。

1. 增设辅道，保障城市中心区及旅游景点交通疏散

盐坝高速主线维持双向 6 车道不变，在大梅沙段、小梅沙段、溪涌段、土洋段、葵涌段建设 5 处辅道（图 4–1），并结合全线改造设置应急掉头车道，保障在旅游高峰时段或应急情况下，及时疏散车辆，增强道路紧急疏散功能。

实现：保障主线双向 6 车道快速中长距离出行，优化单点联系的收费公路出行模式为多点联系的城市道路出行模式，重点强化大梅沙、小梅沙及葵

涌旅游区交通集散功能，改善溪涌、土洋及坝光的出行环境，实现交通的有序化。

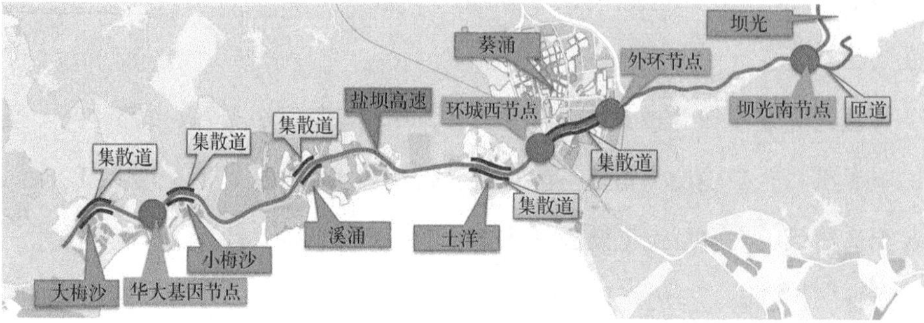

图 4–1　盐坝高速总体改造方案示意图

2. 构筑平安大道

贯彻“安全最大化”设计理念，全面检测、校核、分析盐坝高速运营状况及与国家现行行业标准、规范的冲突，包括现状平、纵、横指标，路面、边坡及排水使用状况，桥梁、隧道结构安全状况以及交安设施安全等级等，依据检测分析结果，优化平纵面线形，并采用创新可靠且适宜推广、可持续的技术措施，对危险建（构）筑物进行加固或拆除重建，将盐坝高速建设成为一条东进战略的平安大道。

3. 打造景观走廊带

贯彻“绿廊、生态、彩色”设计理念，全面提升盐坝高速沿线景观环境，打造具有山海特色的景观走廊。

（1）构建道路绿廊，对两侧大体量硬质边坡创面进行复绿，打造山海一体、自然和谐的景观走廊。

（2）建设生态廊道，还原自然保护区生态可持续发展功能。

（3）建设观景平台，为旅途奔波的建设者构建与山、海近距离短暂的“约会”。

4. 创建智慧道路

构建交通调控、视频管理、城市服务和设施管理“四位一体”的智慧交通体系，创建智慧型道路。

4.1.4 详细改造方案（部分）

1. 大梅沙段改造方案

1）问题分析

现状大梅沙段仅由艺海路节点承担沿线片区的进出服务功能（图 4–2），对大梅沙片区服务功能不足。与此同时，大梅沙段受片区交通承载力不足影响，无法快速疏散片区进出交通，时常回堵，造成主线拥堵。

2）改造思路

新增环碧路节点，改造闲云路、艺海路节点，实现大梅沙片区与市区方向联系节点由 1 个变为 3 个，同时收窄收费广场段，优化原进出匝道线形（图 4–3、图 4–4）。

3）路段优化方案

（1）原盐坝高速收费站段为敞开式收费广场，现调整收费站段主线为双向 6 车道，收窄收费广场段，优化原进出匝道线形（图 4–5），并利用释放部分土地在主线外侧增加辅路开口，设置辅路与大梅沙片区各节点联系。详细路网布置见图 4–6，改造效果见图 4–7。

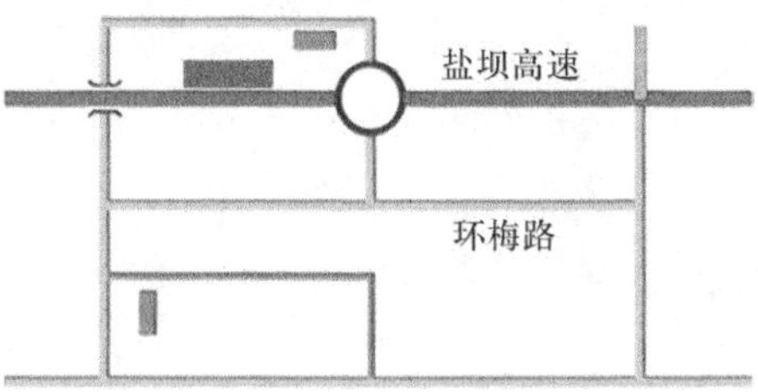

图 4–2 大梅沙段现状交通组织概念图

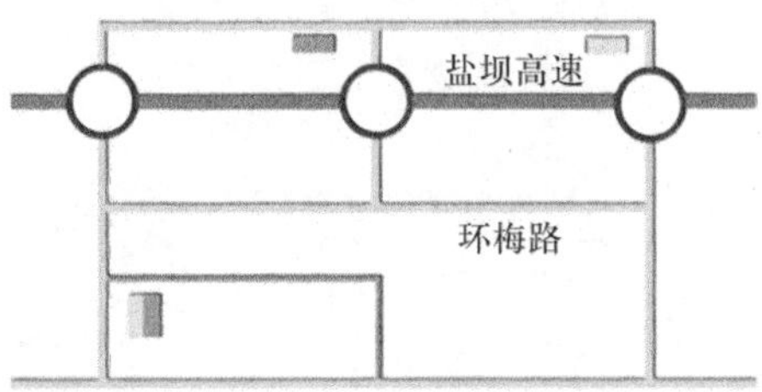

图 4–3 大梅沙段规划交通组织概念图

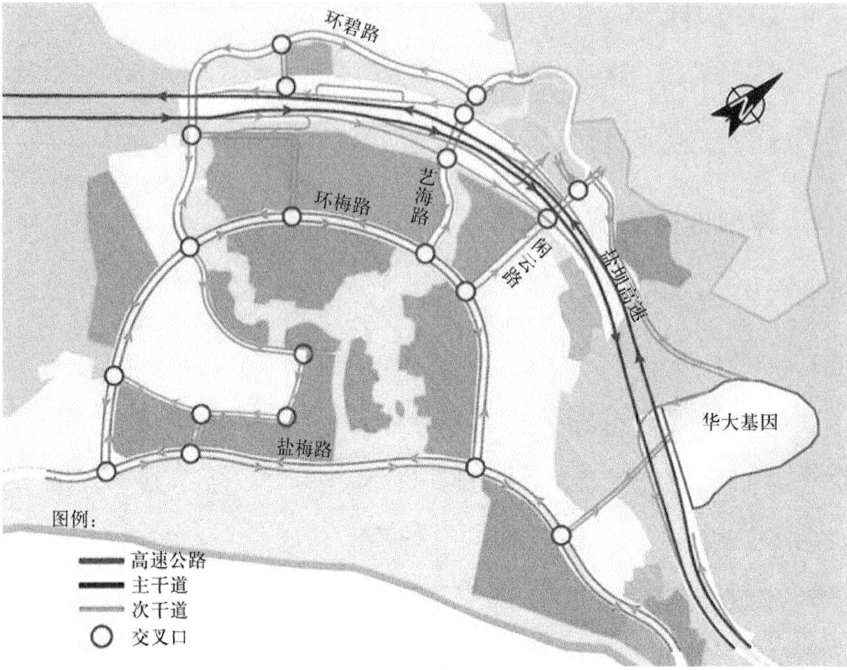

图 4–4　盐坝高速大梅沙段规划交通组织图

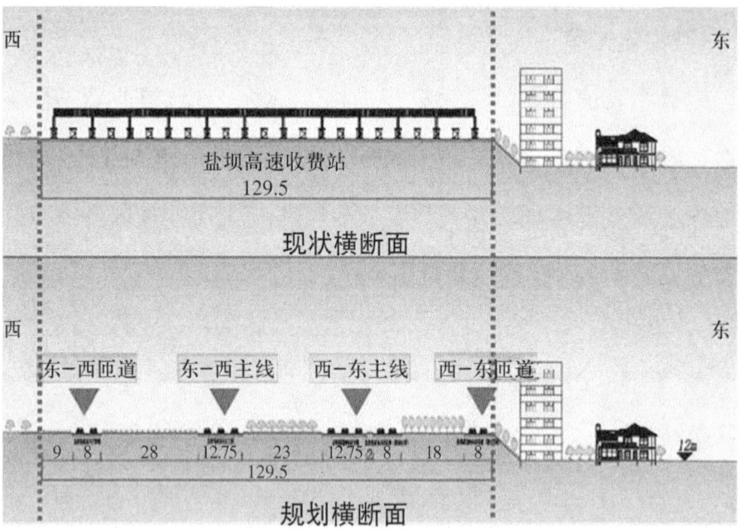

图 4–5　盐坝高速大梅沙收费站断面图

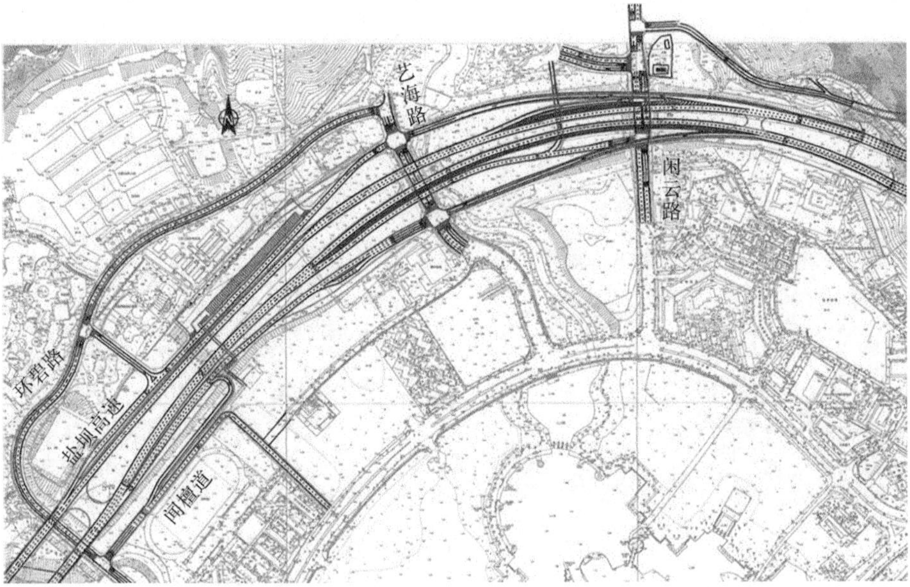

图 4-6　盐坝高速大梅沙段区域路网布置图

图 4-7　盐坝高速大梅沙段详细方案效果图

（2）利用释放土地设置公交首末站，首末站占地面积 8 600 m²，11 个锯齿形上落客位，通过慢行系统及接驳巴士联系公交首末站及大梅沙片区（图 4–8）。

图 4–8　大梅沙公交首末站交通组织示意图

4）节点优化方案

（1）环碧路节点

增加环碧路与盐坝高速西向的上、下匝道（图 4–9、图 4–10）。

①进片区匝道：盐坝高速主线西向东方向出隧道 150 m 后进入新建辅路，从而转入闸檀道，该匝道长 230 m、宽 7 m、单向 1 车道。

②出片区匝道：新增环碧路接入盐坝高速东向西辅路通道，长 100 m、宽 8 m、双向 2 车道。

（2）艺海路节点

调整盐坝高速辅路西向东进入艺海路的线形，并拓宽改造盐坝高速辅路—艺海路交叉口西进口（图 4–11），由单向 2 车道改造为单向 4 车道，宽度 13.5 m，由现状西转北 1.0 条、西转南 1.0 条，增加为西转北 1.5 条、西向东 0.5 条、西转南 2.0 条（图 4–12）。通过增加车道数，改善路口交通环境，增加路口通行能力，提高市民出行效率。

图 4-9 环碧路节点进出匝道改造方案效果图

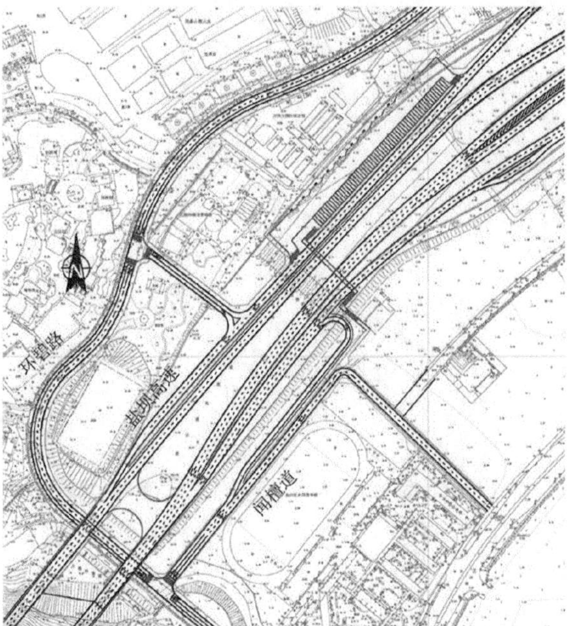

图 4-10 环碧路节点进出匝道改造方案示意图

图 4–11　盐坝高速—艺海路西进口实景

图 4–12　盐坝高速—艺海路改造方案示意图

（3）闲云路节点

①调整闲云路节点组织，整合道路断面，将现状闲云路三种断面形式（图 4–13）调整为统一形式，调整后如图 4–14 所示。

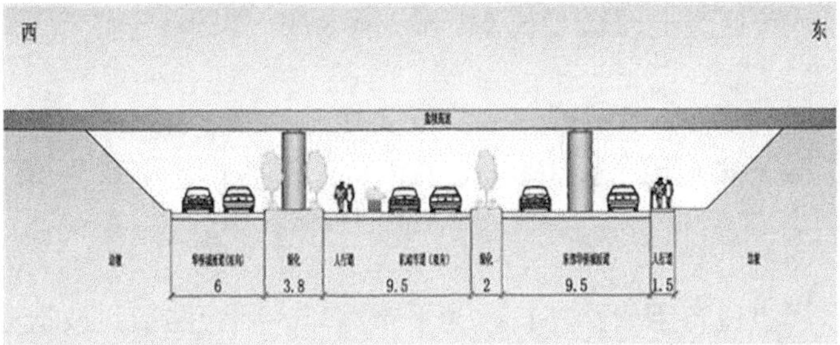

（a）

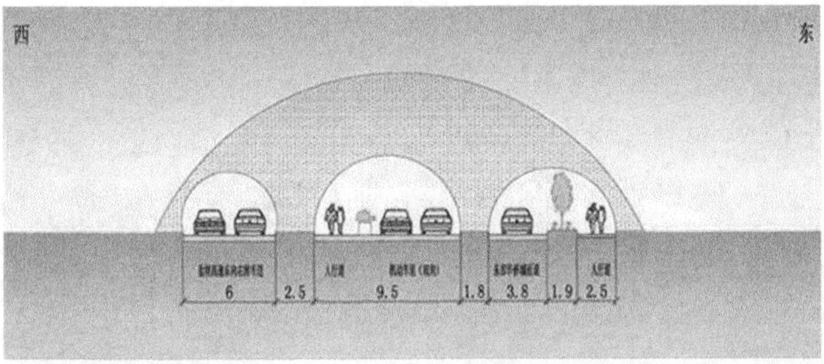

（b）

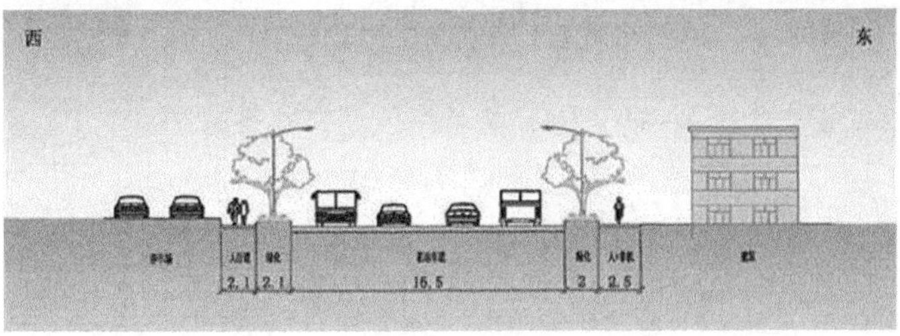

（c）

图 4-13　闲云路现状横断面示意图

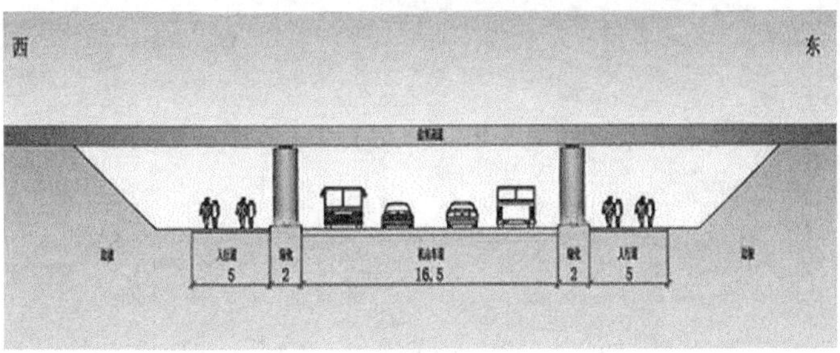

图 4-14　闲云路规划横断面示意图

②新增往市区方向匝道（长 100 m、宽 8 m、单向 1 车道），直接并入盐坝高速东向西主线，强化与市区的联系。

③预留西—北匝道（长 100 m、宽 6 m、单向 1 车道），下穿盐坝高速，衔接规划的集散中心。

④将盐坝匝道与闲云路路口改为平交路口。闲云路节点改造方案效果图及示意图见图 4-15、图 4-16。

图 4-15　闲云路节点改造方案效果图

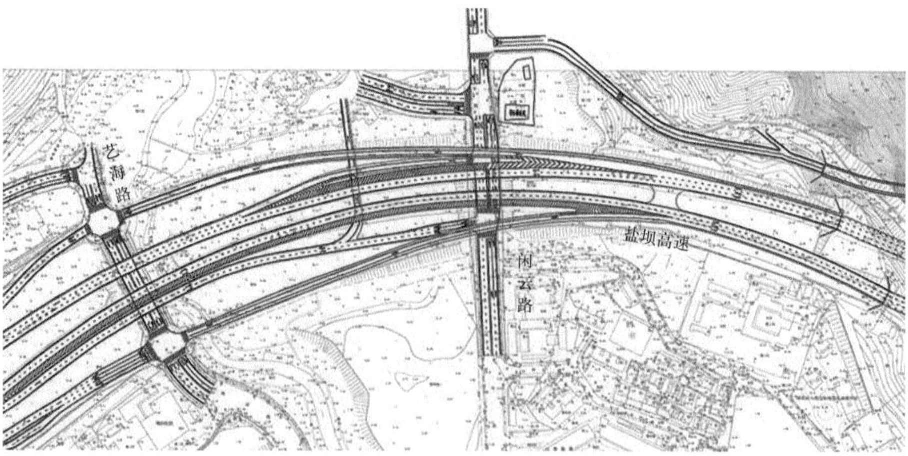

图 4-16　闲云路节点改造方案示意图

5）慢行设施优化方案

（1）结合公交站点完善慢行系统。

（2）贯通盐梅路滨海市域慢行主通道。

（3）结合片区改造，完善规划环路及内部支路慢行设施，增强与轨道、慢行主通道的联系。

（4）结合华大基因上盖平台，打造山海廊道，连通滨海栈道。

2. 华大基因段改造方案

1）问题分析

华大基因中心作为华大的全球总部基地，往来人流量较大，华大总部与东部各基地（国家基因库、农业研究基地、国际生物谷等）业务联系紧密，存在大量的通勤、器材及物料运输等交通需求，尤其是物料运输对于运输的时效性要求较高，现状从华大总部到市区及东向的车辆均需绕行大梅沙地区，节假日拥堵严重。

2）改造思路

与区域路网和交通组织相结合，尽量减少对大梅沙交通的依赖。新增一对华大基因东向进出匝道，改造华大基因西侧闲云路节点，分流华大基因进出车辆。规划交通组织如图 4-17 所示。

（1）市区方向：通过改造闲云路及其与盐坝高速的节点，连接盐坝高速。

（2）东部方向：增加一对进出匝道。

（3）大梅沙方向：利用云水路、闲云路与大、小梅沙片区联系。

3）优化方案

（1）东部方向匝道，保持现有道路两侧边坡不变，南移盐坝高速北侧主线，增加东—北匝道（长 250 m、宽 7 m、单向 1 车道），东向西进入华大基因匝道不需要进行削边坡工程，改造前后华大基因段标准横断面分别如图 4-18、图 4-19 所示。

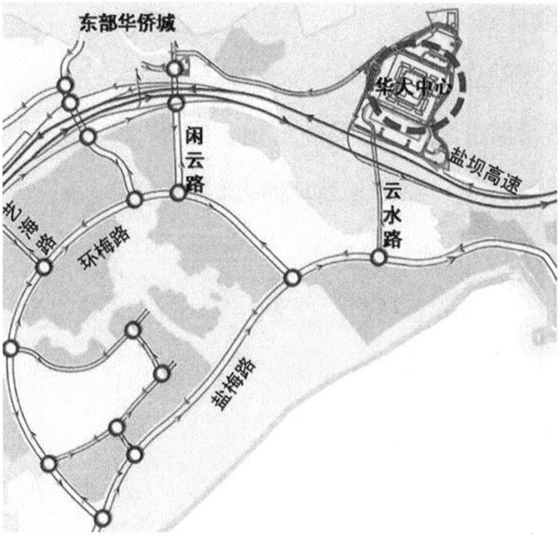

图 4-17　盐坝高速华大基因段规划交通组织图

图 4-18　华大基因段现状标准横断面

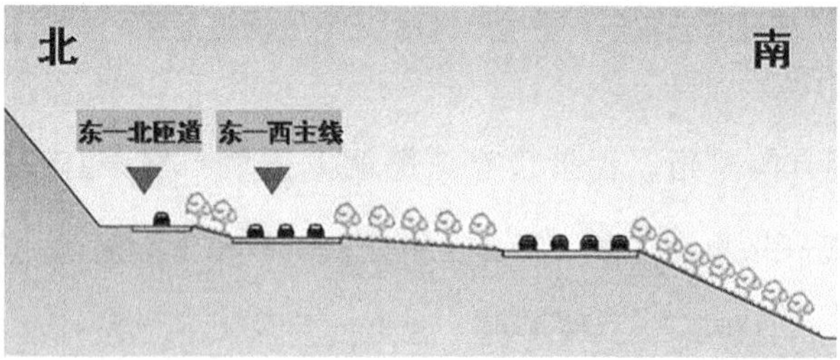

图 4-19　华大基因段规划标准横断面

（2）结合华大基因上盖建设北—东匝道（长 350 m、宽 7 m、单向 1 车道），上跨盐坝高速，目前预留与华大基因上盖衔接条件。

4.2 机荷—惠盐高速改扩建工程

4.2.1 项目概况

深圳经济特区成立 40 年余年，全面深化改革开放，持续推进基础设施建设，逐步形成了“七横十三纵”的高快路网格局。其中，机荷—惠盐高速作为深圳市第二圈层东西向唯一贯通的干线道路，承担了深圳市内组团间的交通联系功能和周边路网交通的集散功能；同时机荷—惠盐高速作为国家高速公路网中沈海高速（G15）的重要组成部分，是粤港澳大湾区的区域快速联系通道，承担了深圳市东西向出入境、过境交通需求。

机荷高速东西段分别于 1997 年和 1999 年建成通车，收费期限至 2027 年；线路总长 43.01 km，双向 6 车道，设计时速 100 km/h；全线分布有 14 座互通立交，平均间距 3 km。惠盐高速于 1993 年建成通车，长 20 km，双向 4 车道。机荷—惠盐高速的建成加速推进了深圳市高快速路网的形成，缓解了市内东西向快速通行压力，加强了深圳对外辐射力。

但随着国家和区域形势发生重大变化，人口、土地、资源和环境的紧约束持续加剧，交通出行需求迅速增长，机荷—惠盐高速部分路段拥堵呈常态化。深圳市交通中心的全市交通大数据平台显示，机荷—惠盐高速日均流量 13.6 万标准车，呈“中间高、两边低，深汕段高、惠盐北段低”的特征分布。其中，过境交通占比 3%，对外交通占比 38%，市内交通占比高达 59%。根据全市 586 个车牌识别监测点及浮动车大数据平台的测算结果可知，机荷—惠盐高速深圳市内段高峰小时饱和度高达1.21，车速仅为42 km/h，全天常发性拥堵时长4~6小时，节假日拥堵10小时。为缓解通道拥堵，2016年6月，机荷—惠盐高速相继启动平面6改8的改扩建工程。

近年来，随着机荷—惠盐高速所在区域、城市、交通及沿线用地情况的变化，原有改扩建工程方案已不能满足高速公路的大通道功能以及城市内部交通集散和转换功能融合的需要。在此背景下，为了满足新时期条件下提出的新要求，深圳市交通运输局开展了机荷—惠盐高速改扩建工程详细规划研究工作。

4.2.2 改造目标

本次规划着眼于落实上层既有规划指导下的机荷—惠盐高速的交通功能需要，同时考虑新时期区域、城市、交通、沿线用地背景下的新要求，并落实机荷—惠盐高速改扩建工程可行性，指导机荷—惠盐高速改扩建的下阶段规划、设计及建设。主要遵循以下五点原则高标准开展项目建设，实现交通立体化、运营智能化、环境友好化、建造智慧化、建筑艺术化和质量品质化六大改造目标。

（1）适应深圳市城市及交通发展，打造成高度城市化区域的高速公路改扩建示范工程，是深圳践行交通强国的标志工程。

（2）基于主动感知、在线仿真及短时预测，以及智慧诱导、调控、预警等平台与技术，打造全国创新型智慧高速示范工程。

（3）带动沿线开发，与两侧景观自然融合，打造环境优美的绿色通道。

（4）采用新工艺、新工法，保证工期及施工期间通道的顺畅及安全。

（5）采用技术手段，尽最大可能避让限制因素，保证工程的可实施性。

4.2.3 总体改造方案

1. 断面布局

该项目采用复合立体通道改扩建模式，按照地面层和立体层进行整体设计，推荐地面层和立体层均采用双向 6 车道的道路断面（图 4–20）。

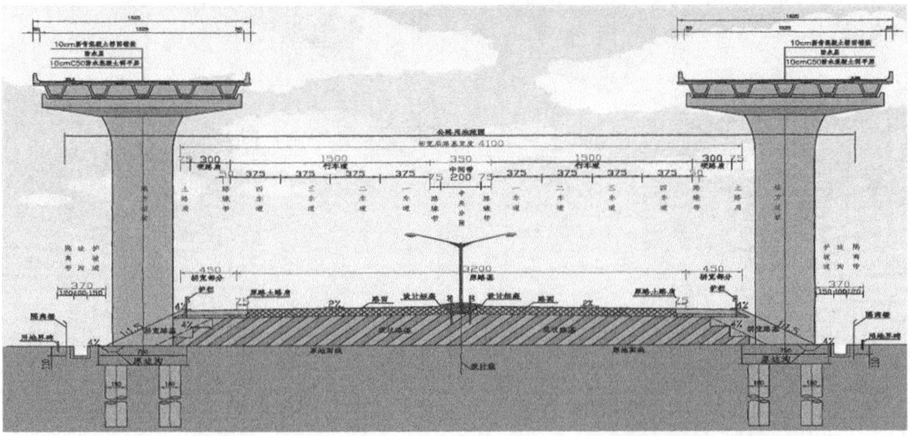

图 4–20 “6+6”标准横断面示意图

增设变速车道：若采取双 8 标准则实际为双 10 断面（含双 2 变速），结合两侧高架红线至少增加 14 m，沿线须大量拆迁（20 万 m^2）并涉及一级水源（2 万 m^2）等，建议在立交密集段增设变速车道实现“8+6”运营（图 4–21）。

利用施工便道：其他路段可利用施工便道改为永久车道实现 8 车道（图 4–22）。

全线通过增设加减速车道实现“8+6”运营总长 26.5 km，占比 35%；全线利用施工便道或结合现有改造实现“8+6”运营总长 48 km，占比 65%。全线断面布局如图 4–23 所示。

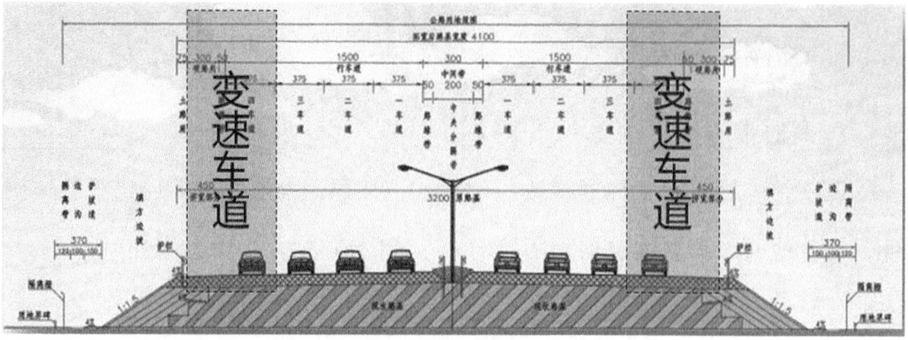

图 4-21　增设变速车道示意图

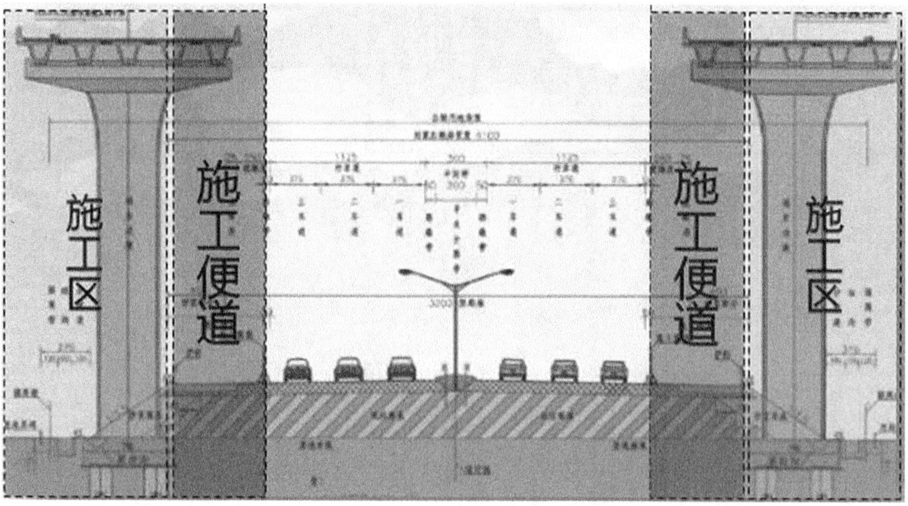

图 4-22　利用施工便道示意图

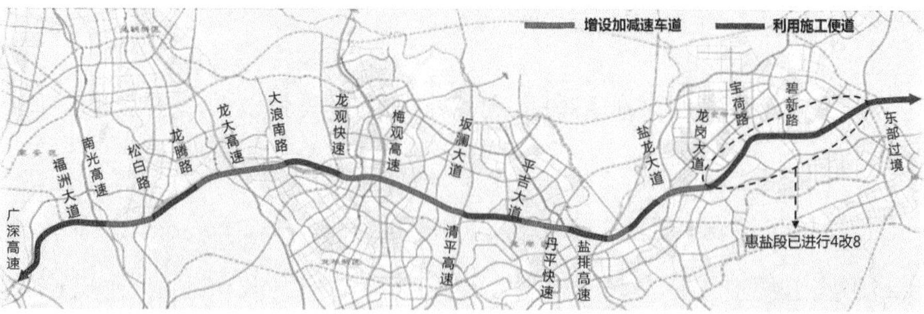

图 4-23　全线断面布局示意图

综合考虑各段流量、两侧征地拆迁难度、高速设计审查要求及实际运营效果等因素，建议采用“6+6”设计标准，通过增设变速车道和利用施工便道，尽全力实现“8+6”运营效果。

2. 总体布局

立体层高速西起深中通道、东至外环高速，全长 62 km，双向 6 车道，设计速度 100 km/h；地面层高速西起机场南路、东至绿梓大道，全长 60 km，双向 6 车道或双向 8 车道，设计速度 100 km/h。

3. 节点布局

1）立体层高速节点布局

为确保机荷—惠盐高速承担的过境、深圳对外交通功能实现，并保证适中的交通量及较高交通服务水平，立体层高速衔接广深、龙大、梅观、盐排、东部过境 5 个既有对外高速节点，新增外环高速节点，平均间距 12.4 km。

2）地面层高速节点布局

为增强对机场 T3、T4 航站楼以及龙华大浪工业区、龙岗中心等片区的服务，并实现全通道节点的均衡分布，在保留既有 17 个节点基础上，新增宝安福洲大道、龙华大浪南路、龙岗中心宝荷路和碧新路 4 个节点，其中福洲大道、大浪南路、碧新路作为远期预留，节点总计 21 个，平均间距 3 km。

4. 匝道布局

为实现上、下两层高速的转换，并尽可能减少对双层复合通道的干扰，仅在通道的东西两侧以及西、中、东发展轴的组团边界设置 3 组（6 对）上、下匝道。6 对上、下匝道位置：广深东侧 1 对，深汕公路西侧 1 对，龙大东西两侧 2 对，盐排东西两侧 2 对。

4.2.4 详细改造方案（部分）

1. 石岩段选线方案

该段研究范围西起广深高速，东至龙大高速。

起点地面层高速维持与机场南路的衔接，立体层高速对接深中通道，往东沿原线位架设立体层。立体层高速设置鹤洲（广深）复合节点及龙大复合节点，地面层高速新增福洲大道节点，并将羊台山工业路节点西移至龙腾路，其余节点维持现状。

1）沿线现状及规划条件

现状：通道穿越石岩—铁岗水库、羊台山，松白路以西的沿线地块多为水源保护区及基本农田，松白路以东的沿线地块以工业用地为主，局部路段存在自建房。沿线存在多处高压铁塔上跨现状机荷—惠盐高速，南光高速（约 K9）以东段存在 LNG 干管近距离平行。

规划：用地类型两侧多为居住区，南光高速—松白路段存在工业、商业区。

2）横断面

标准断面为双侧桥形式（图 4-24），部分路段为规避控制要素采用门式墩（图 4-25）等其他形式。

3）道路平面

（1）鹤洲立交—南光高速长约 6 km，地面层高速维持与机场南路的衔接，沿线设置福洲大道联络线节点，节点仅设北—西双向定向匝道。立体层高速西接深中通道，往东沿地面层高速两侧敷设，其中铁岗水库段为规避一级水源保护线需在地面层高速上方架设门式墩，沿线仅设鹤洲节点及其东侧上、下匝道（图 4-26）。

（2）南光高速—龙腾路长约 5.5 km，地面层高速线位、节点均维持现状。其中松白路立交以西 1 km，受 500 kV 高压线限制无法抬高标高释放用地。立体层高速往东以门式墩形式规避一级水源保护线后，利用平面线形改为两侧敷设，沿线无节点（图 4–27）。

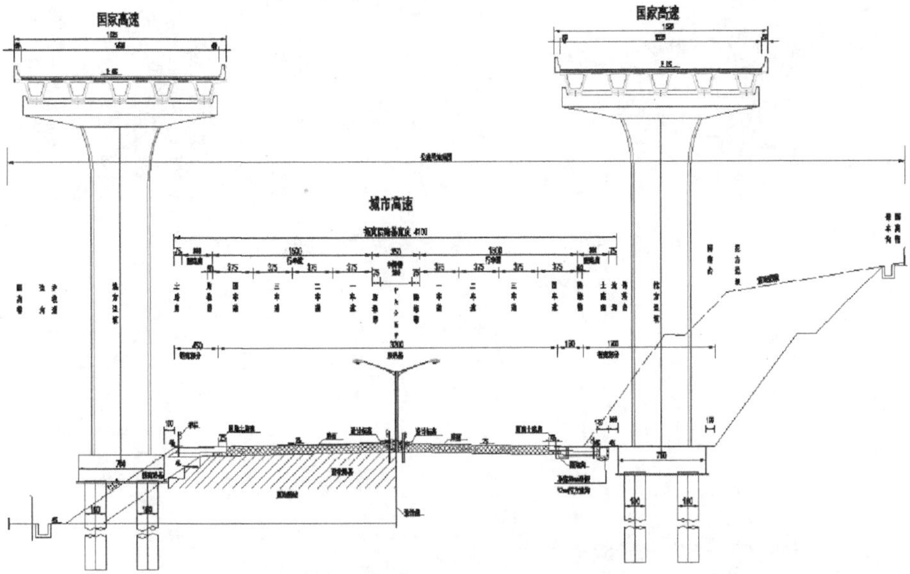

图 4–24　双侧桥横断面示意图

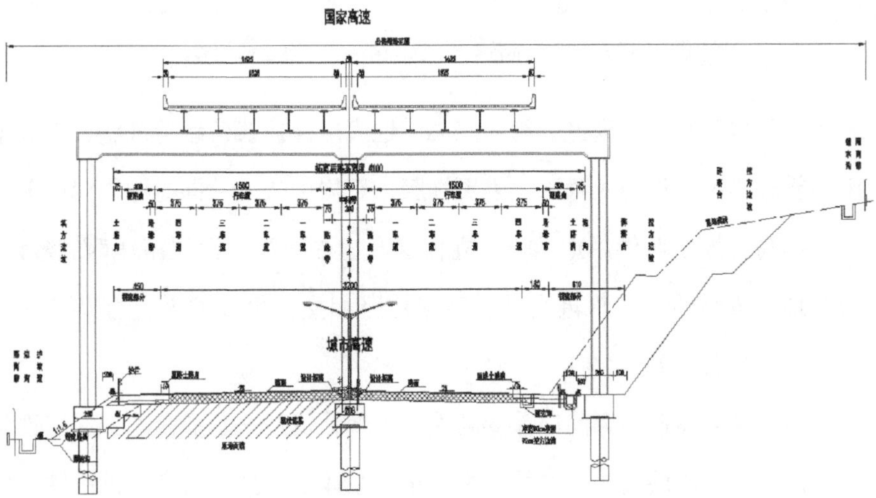

图 4–25　门式墩横断面示意图

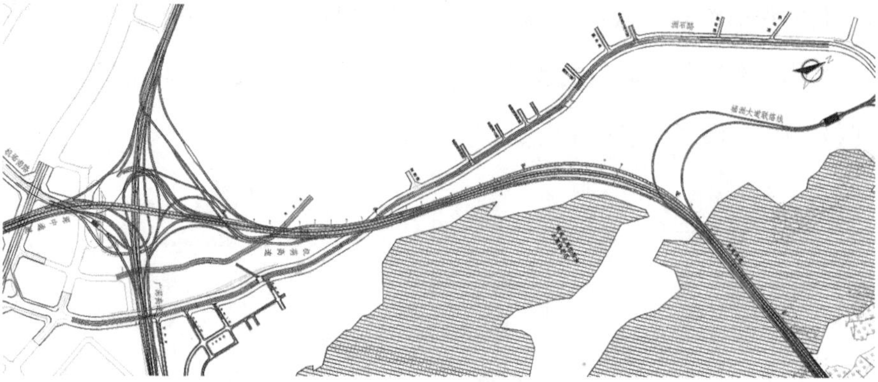

图 4-26　鹤洲立交—南光高速平面线位示意图

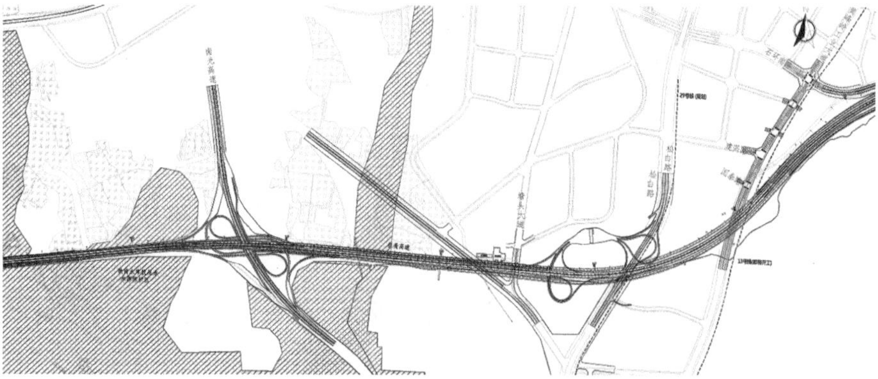

图 4-27　南光高速—龙腾路平面线位示意图

（3）龙腾路—龙大高速长约 4.6 km，地面层高速线位维持现状，沿线羊台山路节点建议迁移至龙腾路，以更好服务石岩中心区。同时原羊台山节点段抬高标高，加强两侧用地沟通。立体层高速往东沿地面层高速两侧敷设，沿线与地铁 6 号线、广深港高铁、赣深铁路相交，仅设龙大复合及其西侧上、下匝道节点（图 4-28）。

其中，龙大高速西侧的广深港高铁上跨现状机荷—惠盐高速，应广铁集团要求，新建立体层高速应尽量上跨铁路。立体层选择上跨广深港高铁，地面层利用桥下预留宽度进行拓宽改建，为不影响铁路运营，桥梁施工方案应选择转体施工（图 4–29）。

此段立体层推荐采用双侧单层桥形式。若双侧单层桥建在现状路基两侧，挖方路段将无法保证在现有机荷—惠盐高速正常通行的条件下进行桥梁转体施工。

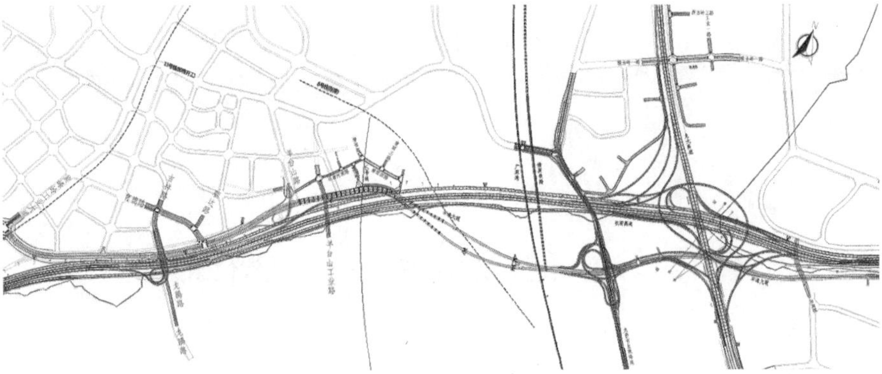

图 4–28　龙腾路—龙大高速平面线位示意图

图 4–29　上跨广深港高铁转体施工实景

4）平面方案比选（南光高速—松白路）

南光高速—松白路推荐方案国高采用高架、城高采用路基，比选方案采用双隧，如图 4–30 ~ 图 4–32 所示。比选方案优点在于不受沿线高压走廊限制，且能够释放沿线用地，连通科技生态走廊，加强大浪产业园与北侧用地之间的联系；缺点是隧道方案造价高，工程难度大，通行能力及行车安全性较低。

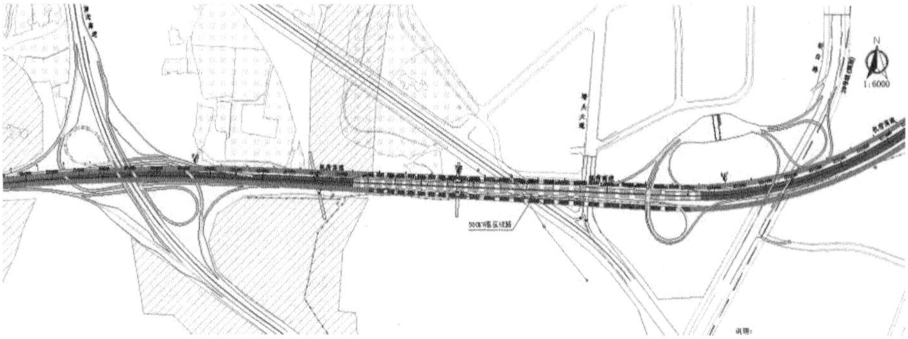

图 4–30　南光高速—松白路平面方案比选线位示意图

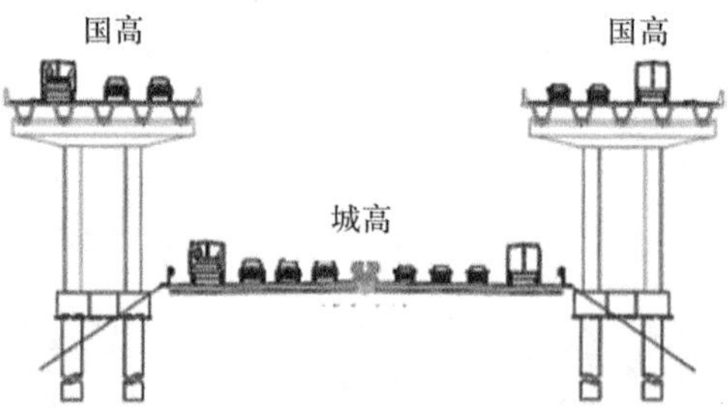

图 4–31　南光高速—松白路推荐方案横断面示意图

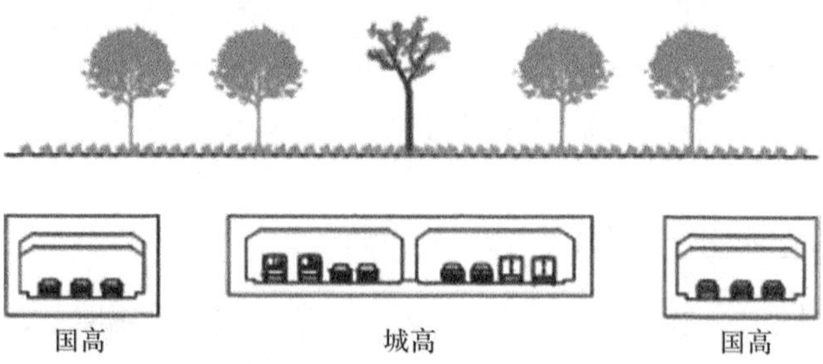

图 4–32　南光高速—松白路比选方案横断面示意图

5）土地释放

（1）铁岗段

该段土地释放位于铁岗水库西侧，需拆除九围河大桥、鹤洲分离式立交桥，拆除现状路基部分，新建铁岗高架桥。拆除现状路基土石方量约为 53.65 万 m^3，新建桥梁长度为 840 m（图 4–33、图 4–34）。

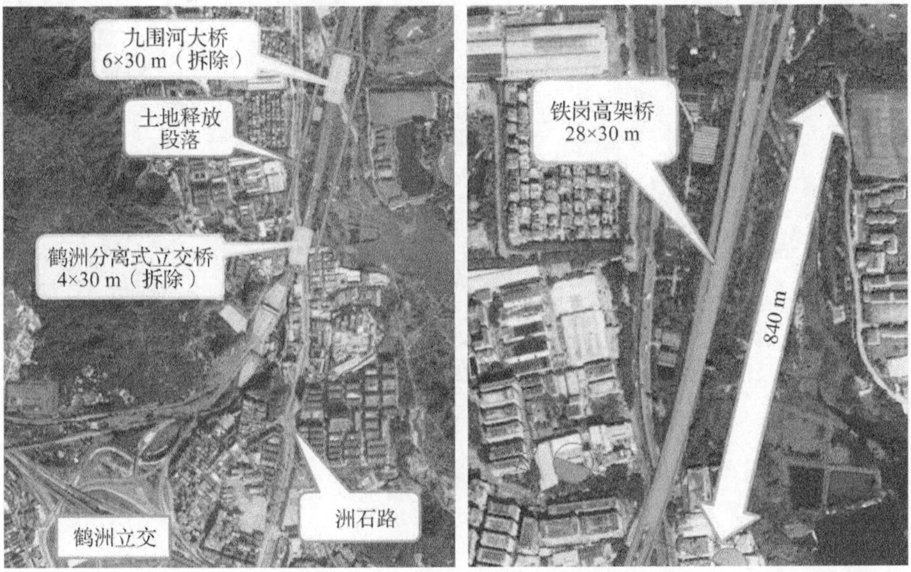

图 4–33 铁岗段平面示意图

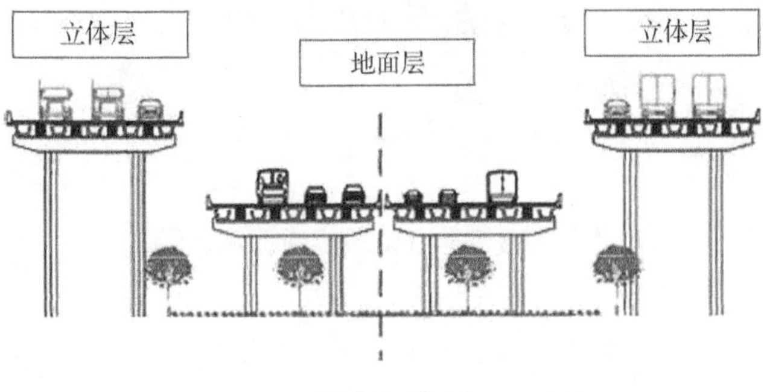

图 4–34 铁岗段横断面示意图

（2）羊台山段

该段土地释放位于羊台山路附近，需拆除黎光中桥，拆除现状路基部分，新建龙腾路高架桥。拆除现状路基土石方量约为 34.61 万 m^3，新建桥梁长度为 720 m（图 4–35、图 4–36）。

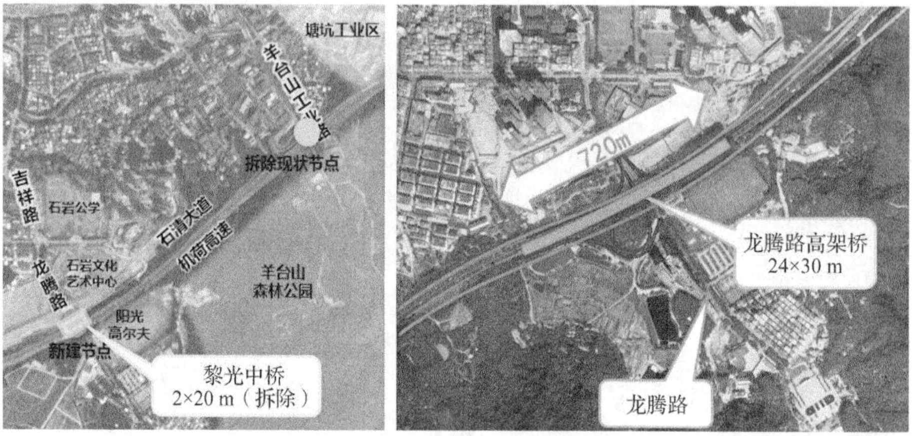

图 4–35　羊台山段平面示意图

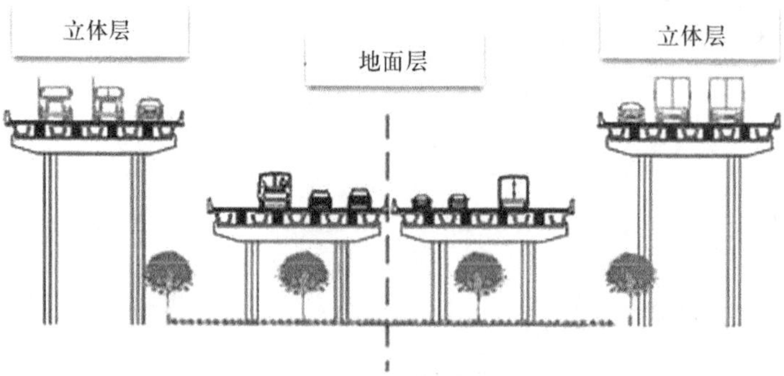

图 4–36　羊台山段横断面示意图

2. 梅观节点（一接二复合）方案

梅观市政化改造为双 8 主 + 双 6 辅连续流，保留现状立交衔接梅观辅道与地面层高速，新建涡轮立交衔接梅观主线与立体层高速（图 4–37），需协调 LNG 管道。

图 4–37　梅观节点布局示意图

3. 龙岗碧新路节点（规划新增）方案

设置半定向 T 形互通，与碧新路设置菱形立交（图 4–38、图 4–39），与惠盐高速改扩建一同实施。

4. 龙华龙腾路节点（移位改造）方案

现状羊台山工业路节点（图 4–40）通行能力较差，拆除后在龙腾路新建喇叭立交（图 4–41、图 4–42）。

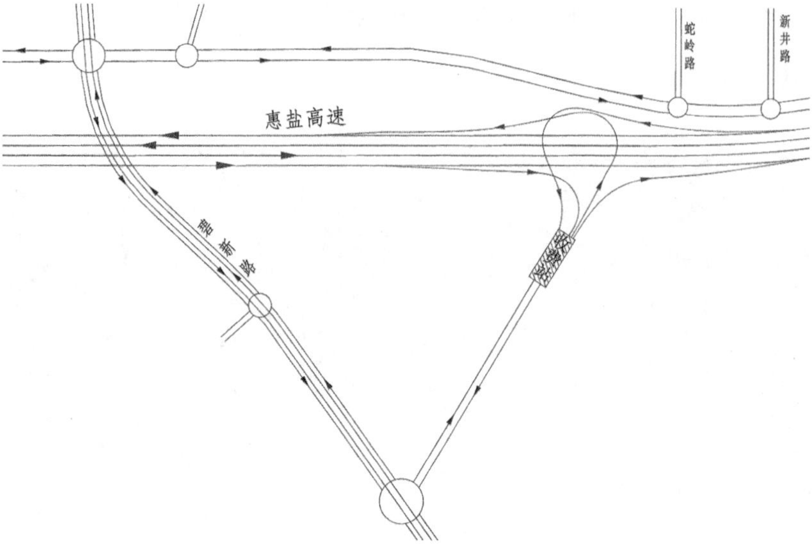

图 4-38　碧新路节点推荐方案交通组织示意图

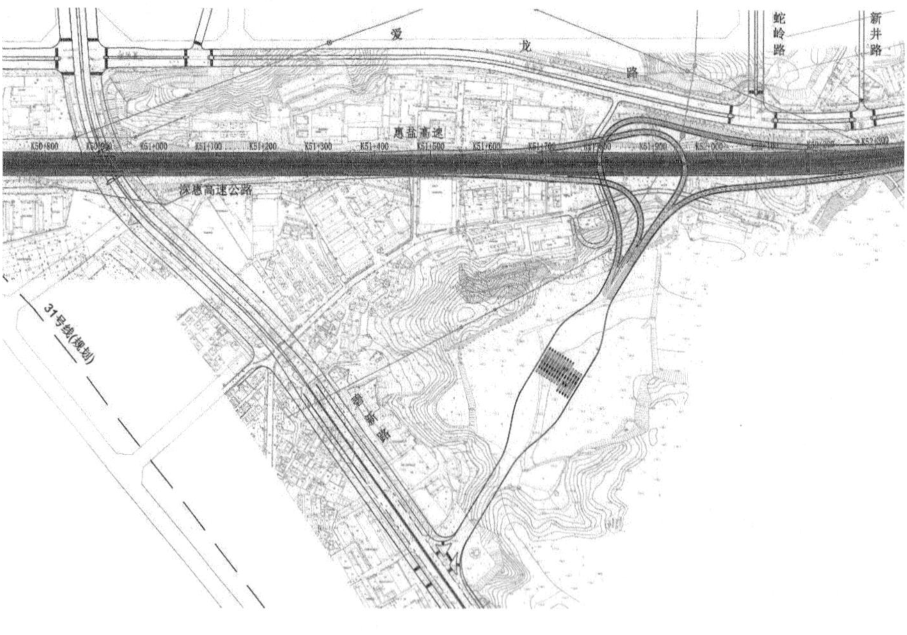

图 4-39　碧新路节点推荐方案示意图

图 4-40 龙腾路节点现状立交示意图

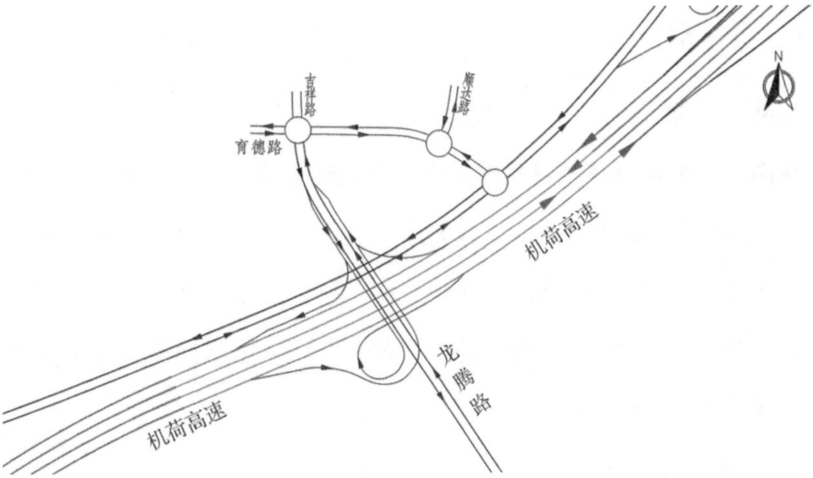

图 4-41 龙腾路节点推荐方案交通组织示意图

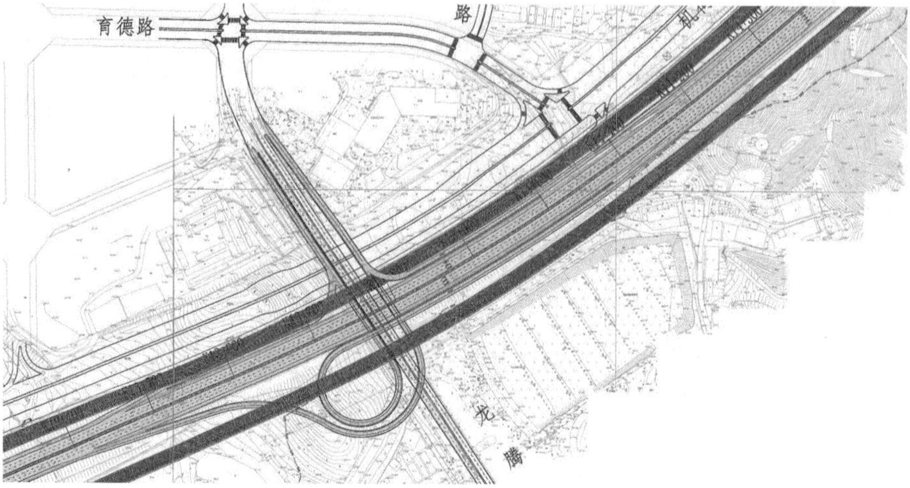

图 4–42　龙腾路节点推荐方案示意图

4.3　皇岗路快速化改造工程

4.3.1　项目概况

1. 项目背景

皇岗路接梅观高速通道是深圳中部发展轴上的重要南北向通道。皇岗路（深南—北环段）改造已纳入《深圳市“十三五”规划纲要》及《深圳城市基础设施建设五年行动计划（2016—2020 年）》。考虑沿线大规模城市更新，皇岗口岸改造、河套片区开发等重大环境变化，未来皇岗路交通需求将大幅提升，亟须开展皇岗路快速化研究。

2. 规划范围

皇岗路北起原梅观高速收费站，南至广深高速，全长约 11.5 km，沿线涉及立交 7 处、信号节点 3 处（图 4–43）。

图 4-43 皇岗路快速化改造工程规划范围示意图

4.3.2 改造目标

皇岗路是深圳市干线路网“七横十三纵”及核心区“一横三纵”地下道路的重要组成部分。进行快速化改造后，使其能够承担如下两个功能。

功能一：承接中心区以及皇岗口岸地区与龙华及以北区域的快速交通联系功能。

功能二：服务中心区、口岸片区城市生活，承担中心区、口岸片区内部及相互转换交通。

皇岗路地处梅观—皇岗通道末端，兼有两侧城市服务及对外转换功能，需要具备良好的通过及转换条件（图 4–44）。

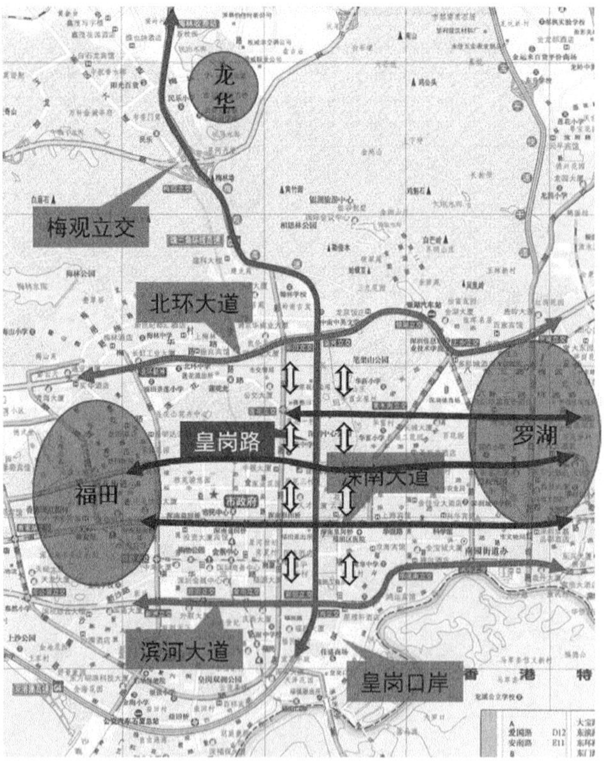

图 4–44　皇岗路对外转换功能示意图

4.3.3 总体改造方案

鉴于皇岗路是中部轴线最重要通道，道路交通需求巨大，新建皇岗路（原梅观收费站至沿一线段）地下快速道路，并对北环—皇岗立交、笋岗路、红荔路、振华路 4 个节点进行提升改造，构建地面 - 地下双通道系统（图 4–45），分离长短距离交通，提升皇岗路整体运行效率，打造中部轴线复合客运走廊。

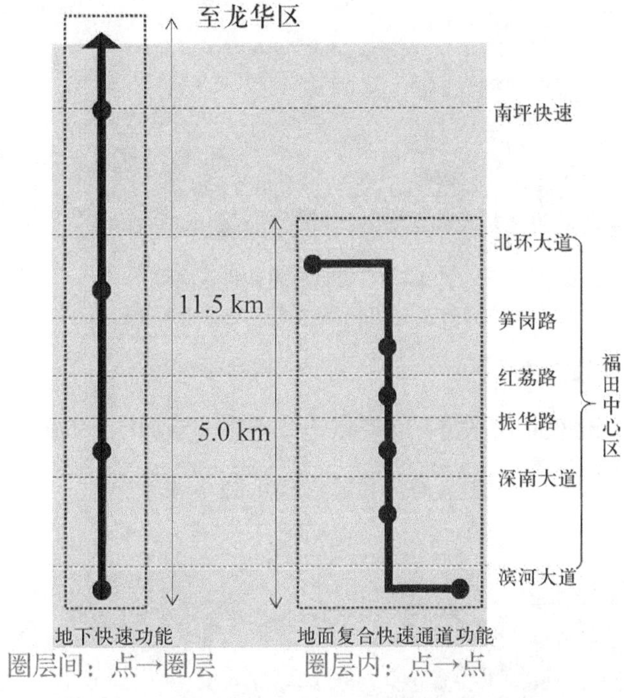

图 4–45　地面 – 地下双通道系统示意图

1. 新建地下快速路

新建地下通道，北起原梅观高速收费站，南至广深高速，预留沿一线接口，全长 11.5 km，设计速度 60 km/h，双向 4 车道；考虑与横向道路的转换联系，另设进出匝道 4 对：南坪南匝道、北环南匝道、深南北匝道以及滨河南匝道。

隧道为单洞双层结构（图 4–46），洞径 15.2 m；上层南往北通行，下层北往南通行。

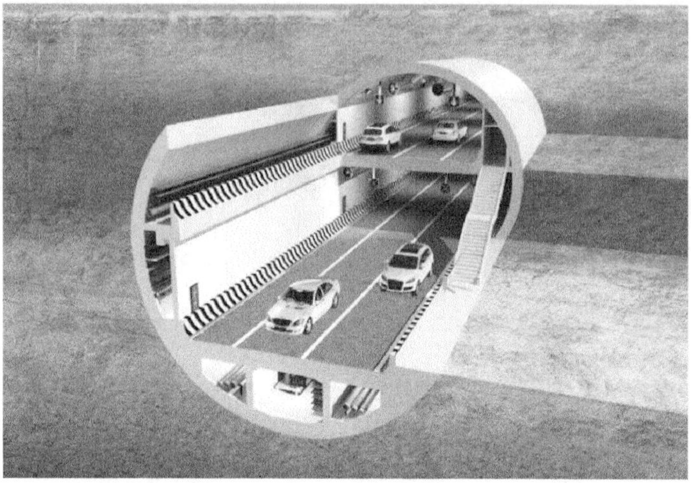

图 4–46　地下快速路断面

2. 地面改造方案

- 北环以北双向 8 车道，北环以南深南以北双向 10 车道；
- 北环—皇岗立交改造为全互通形式（图 4–47）；

图 4–47　地面节点改造

- 笋岗路、红荔路 2 处节点改造为菱形立交；
- 振华路改造为右进右出节点，增设东西向上跨桥。

总体方案如图 4–48 所示。

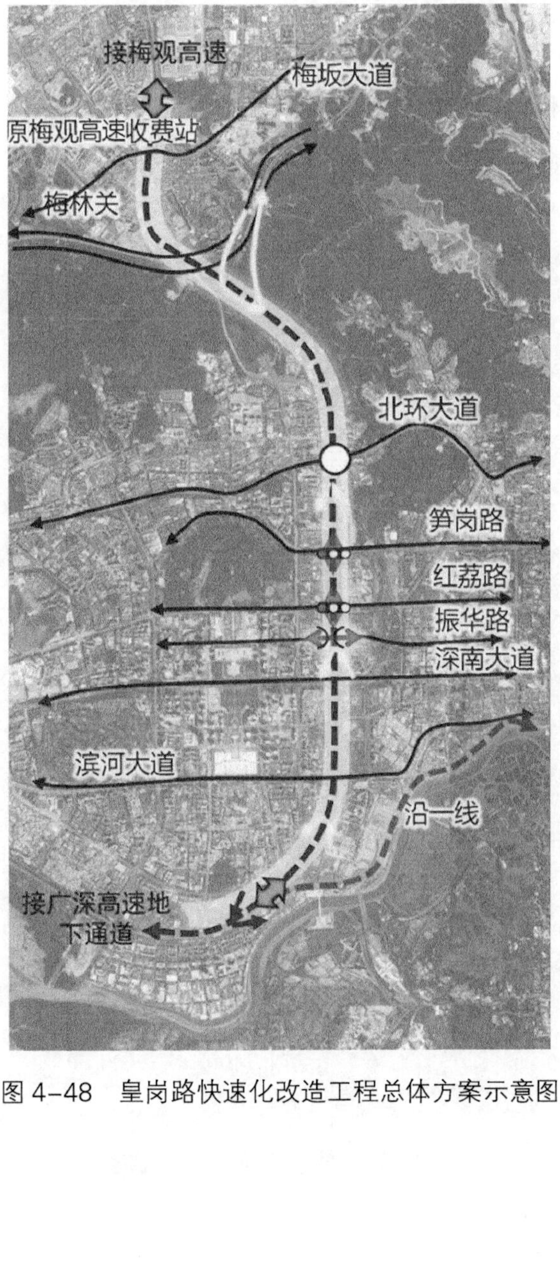

图 4–48　皇岗路快速化改造工程总体方案示意图

4.3.4 详细改造方案（部分）

1. 地下快速路隧道平面方案

总体线位沿皇岗路地下敷设，仅在穿越大脑壳山处对线形进行调整，隧道线位偏离现状皇岗路地面线位。

受规划北环—皇岗立交桩基影响，穿越大脑壳山存在三种线位（图 4–49），线位概况、主要问题及结论见表 4–1。

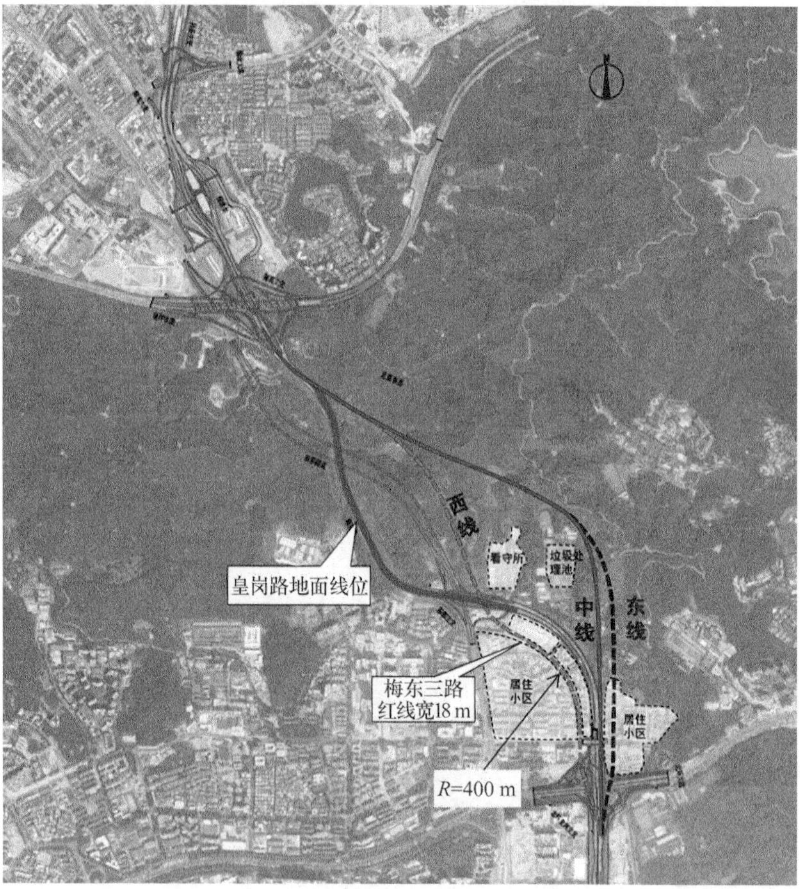

图 4–49　隧道平面线位示意图

表 4–1 线位比选

线位	线位概况	主要问题	结论
东线	由皇岗路东侧，从现状华天公寓等居住小区下方穿过	涉及沿线小区的拆迁	备选
中线	沿皇岗路主线下方靠东侧通过，尽量减少对高架主线桥梁桩基的影响	需要与北环—皇岗立交共同设计施工，施工期间可能需要截断皇岗路交通	推荐
西线	从北环—皇岗立交西侧匝道桩基空隙穿过，利用西侧梅东三路线位由下方穿过	1. 用地协调 2. 线形较差，盾构施工困难	不推荐

2. 北侧起点出入口方案

根据用地条件、交通功能及缓解拥堵能力，对北侧起点出入口选址进行详细比选（表 4–2），推荐起点选址为梅观高速收费站（图 4–50）。

皇岗路地下隧道由路中接入梅观高速市政化主线，形成中部轴线的快速连续通道，原梅观高速道路中线向西偏移 5 m（图 4–51）。

表 4–2 选址比选

选址因素	选址 1 原梅林关口	选址 2 梅观收费站	选址 3 民康路南
用地条件	较好，关口红线足够	较好，收费站道路红线足够	较差，需占用沿线用地
交通功能	基本实现对龙华片区的全覆盖	对龙华中北部服务强，南部服务弱	对龙华北部服务强，中南部服务弱
缓解拥堵能力	无法避开关口交通拥堵	有效缓解关口交通拥堵	有效缓解关口交通拥堵
结论	备选	推荐	备选

图 4–50　起点选址示意图

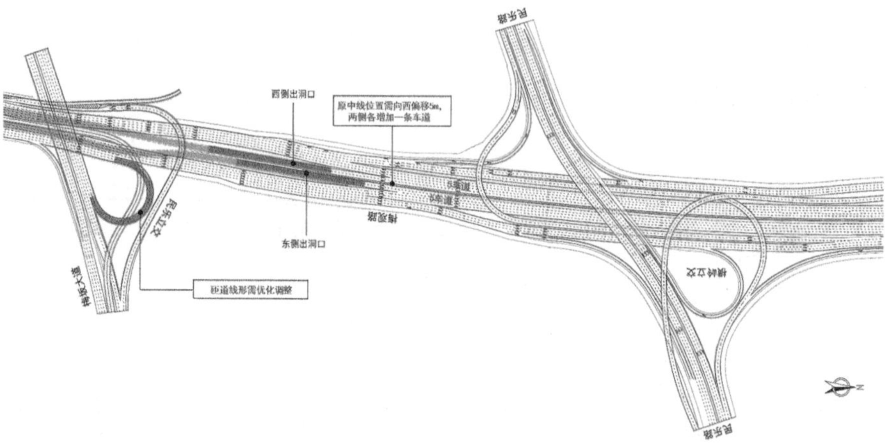

图 4–51　北侧起点出入口推荐方案示意图

用地：横岭立交西北象限增加用地 557 m^2，西南象限增加用地 732 m^2，均在道路红线范围内（图 4–52）。

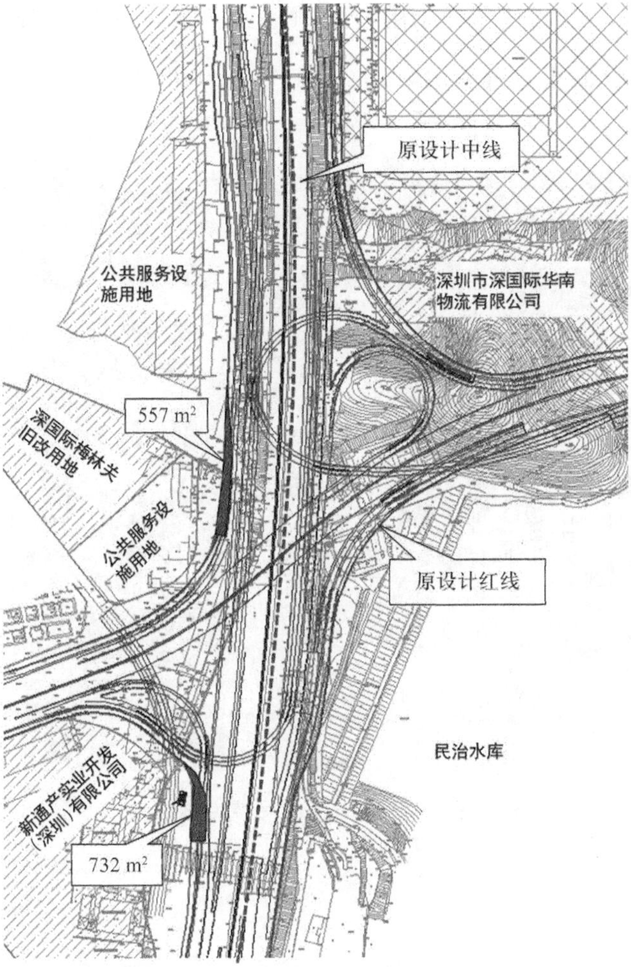

图 4–52 增加用地示意图

3. 北环南匝道方案

北环南匝道的功能为承担笋岗、红荔与第二圈层的交通联系。

现状笋岗、红荔因处于福田岗位及人口集中区域，晚高峰北行与第二圈层的交通联系量约占皇岗路北行与第二圈层的联系交通总量的 31.6%（达 1 114 pcu/h），预计未来仍将达 1 520 pcu/h。

线位方案采取笋岗路以北设置一对单车道匝道，需占用现状道路两侧绿化空间各 7 m，未突破皇岗路用地红线（112 m），如图 4-53 所示。

交通组织如图 4-54 所示。

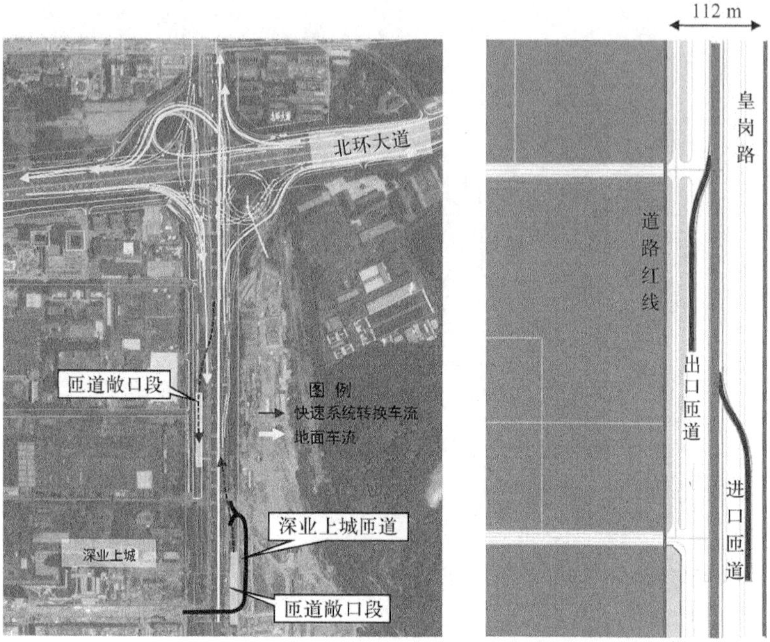

图 4-53　北环南匝道推荐方案示意图

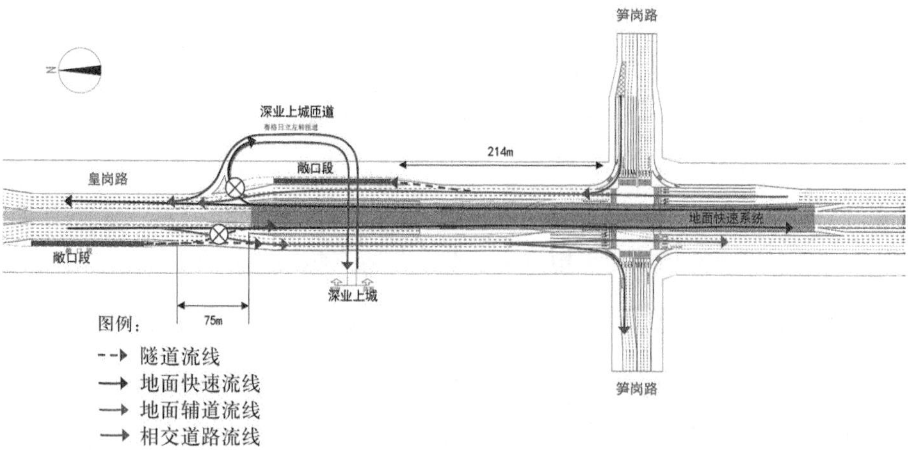

图 4-54　北环南匝道交通组织示意图

（1）禁止地下隧道驶出车辆驶入地面快速系统，减少交织。

（2）禁止地面快速北向车流驶入深业上城匝道。

4. 皇岗—彩田立交至北环—皇岗立交段断面改造方案

此段改造为主线双 8+ 双 2 辅助车道，利用道路西侧绿地空间及东侧山体进行扩宽，占用绿地宽度 20.5 m、山地宽度 4.5 m（图 4–55）。

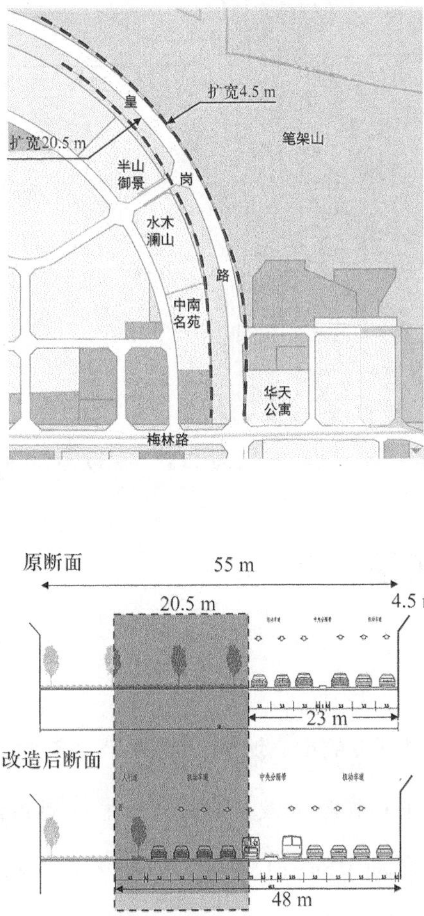

图 4–55　皇岗—彩田立交至北环—皇岗立交段断面改造示意图

5. 北环—皇岗立交节点改造方案

优化北环—皇岗立交节点形式，改造节点为全互通立交，疏通节点瓶颈。南北向主线由双向 3 车道拓宽为双向 8 车道；新增北转东匝道，并改造北转西匝道；新增西转北匝道。具体如图 4–56 所示。

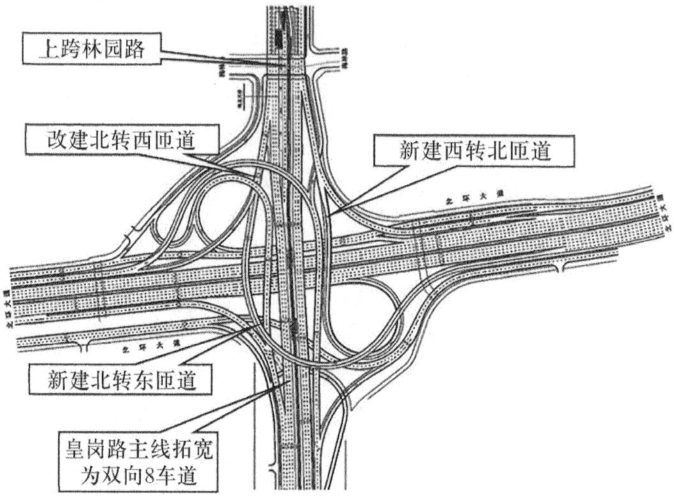

图 4–56　北环—皇岗立交节点改造示意图

4.4　春风隧道工程

4.4.1　项目概况

罗湖区是深圳最早开发的中心城区，经过 40 余年的发展，罗湖已成为深圳的金融中心、商贸中心和全国最大的黄金珠宝首饰加工基地，城市功能不断健全和完善。作为深圳市的核心区域，罗湖区人口及就业岗位高度密集，交通需求高度集中，交通压力巨大，整体交通态势非常紧张。经统计，罗湖区高峰时段主要道路 80% 的交叉口交通拥堵，60% 的行程车速低于 20 km/h 的国际警戒线，居民日常出行质量逐渐下降，城市吸引力不复如初。部分区域干线道路拥堵呈现常态化，尤其高峰时段基本处于瘫痪状态，对外联系极为不便，如布心路、沿河路、春风路高架等道路以及罗芳立交、布心—丹平交叉口等节点。城市交通运行效率和环境的持续恶化已经成为制约罗湖区新一轮发展的重要因素之一。

同时，罗湖是深圳市东部发展轴上重要的城市中心组团，也是福田、南山、前海与东部联系的必经之地。受东部自然山体、水库限制，东西路网延展不开，泥岗路、滨河大道等 4 条干线通道在罗湖区东部都汇集至罗沙路单一通道，路网存在结构性瓶颈，极易发生交通拥堵；同时区域现状干线路网结构不合理，滨河大道—春风路高架—沿河路车道数不匹配且功能混杂，东西向干线通道单一，且建设标准低，春风路高架、新秀立交、罗芳立交、罗沙路等路段及节点呈现常发性严重拥堵。未来，随着罗湖区城市更新的推进，罗湖区及东部地区人口、经济将快速增长，罗湖区干线路网交通拥堵形势进一步加剧，亟须消除春风路高架结构性瓶颈。

4.4.2 规划目标

春风隧道西起滨河大道上步立交东侧与滨河大道顺接，由西往东布线，东至沿河路新秀立交西南侧与沿河南路顺接，建成后与滨海大道、滨河大道、船步路高架、春风路高架、沿河南路构成南环快速路系统，是南环快速路系统重要的组成部分。

规划定位为城市快速路，与现状春风路高架、沿河路高架共同构成罗湖区南部东西向复合通道，承担罗湖区中长距离过境交通，原春风路高架承担沿线片区交通集散功能（图 4–57），有效改善滨河大道沿线春风路高架段因车道数不匹配所造成的通行能力折减严重等问题。

图 4-57　春风隧道、春风路高架功能分析

4.4.3　总体规划方案

春风隧道规划西起滨河大道上步立交东侧，与滨河大道对接，往东沿现状滨河大道地下通行，过鹿丹村后线位南偏，并下穿罗湖火车站及地铁 1 号线，之后沿深圳河与沿河路之间区域向东，终点至新秀立交西侧与东部过境高速公路市政配套连接线工程对接，如图 4-58 所示。线路全长 5.16 km，

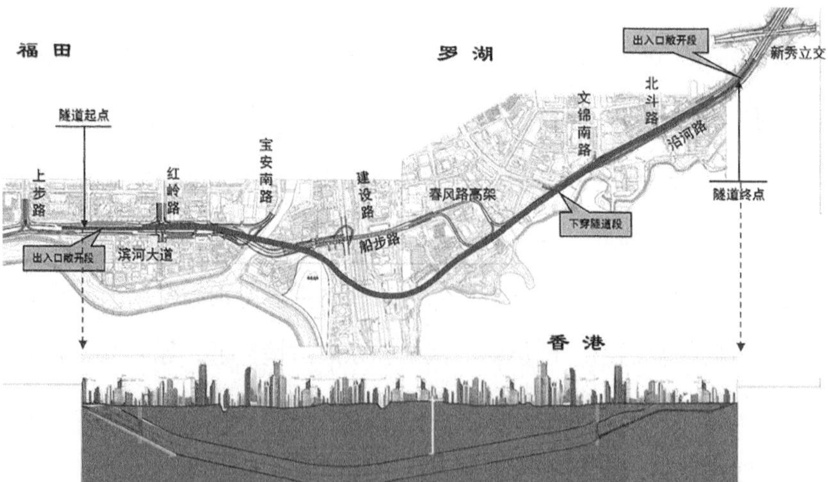

图 4-58　春风隧道总体规划示意图

其中隧道长 4.65 km，规划设计速度 60 km/h，城市快速路标准，采用单洞双层、双向 4 车道横断面形式，仅供小客车通行。

4.4.4 详细规划方案（部分）

1. 起终点选择

春风隧道建成后，与现状春风路高架、沿河路高架共同构成罗湖区南部东西向复合通道，分离中长距离过境交通需求，缓解现状春风路高架段通行能力不足，改善滨河大道沿线交通拥堵问题。因此，该项目起终点应设置在春风路高架东西两端，分别与滨河大道及沿河南路衔接。

1）起点位置的布设

为了能保证春风隧道路线合理展线以及隧道进出口与现状道路合理衔接，根据现状道路的条件，隧道起点应定在船步路以西的滨河大道路段，可设置在上步南立交与红岭南立交之间（图 4–59）或者设置在华强南立交与上步南立交之间（图 4–60）。华强南立交与红岭南立交距离上步南立交均为 850 m 左右，三立交间的路段交通组织及周边条件基本相同。隧道起点若设置在华强南立交与上步南立交之间不但增加了工程规模，还需迁改 2 条现有的雨水箱涵，并与沿一线规划的进出口相冲突（沿一线规划在华强南立交西侧设置路段进出口）。考虑节省工程造价，减少工程实施难度，将隧道起点设置在上步南立交与红岭南立交之间，与滨河大道衔接。

2）终点位置的布设

为了能保证春风隧道路线合理展线以及隧道进出口与现状道路合理衔接，根据现状道路的条件，隧道终点应定在沿河路高架以东的沿河南路段。但是新秀立交以北段为东部过境高速公路市政连接线配套工程的范围（目前该工程正在实施），并且新秀立交地下为地铁 2 号线及现状不可迁改的污水箱涵，不具备隧道下穿的条件。因此，隧道终点设置在沿河路高架以东及新秀立交以南路段，与沿河南路衔接（图 4-61）。

2. 线位比选

春风隧道位于深圳市中心城区，周边高层建筑物、地铁及桥梁密集，控制因素众多，并且隧道盾构施工最小半径要求按隧道直径 50 倍（750 m）控制，隧道路线标准要求较高，隧道定线条件十分有限。

图 4-59　隧道起点设置在上步南立交与红岭南立交之间

图 4-60　隧道起点设置在华强南立交与上步南立交之间

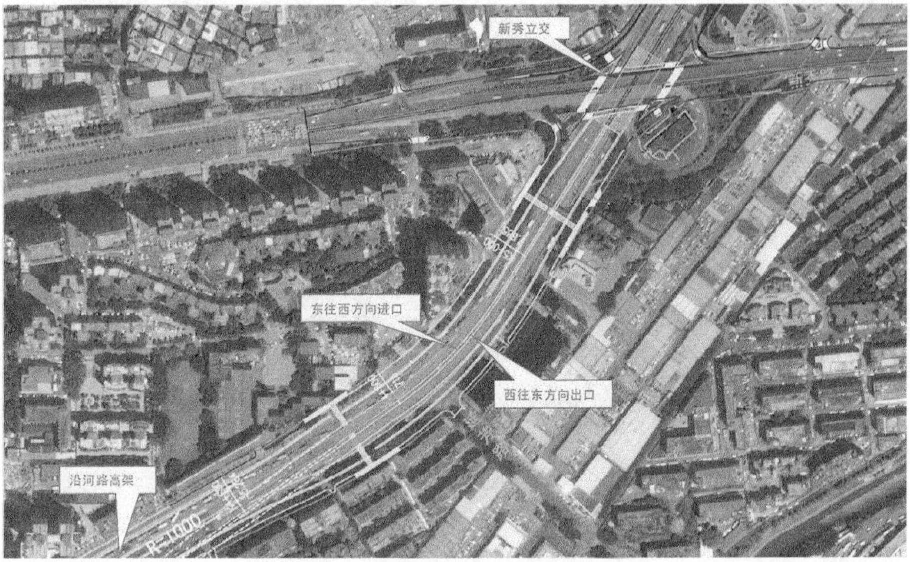

图 4–61　隧道终点设置位置

从隧道所在区域来看，春风路高架及沿河路高架以北为罗湖中心区，高层建筑物十分密集，并且有地铁 9 号线、1 号线及 5 号线等，没有展线的空间。春风路高架及沿河路高架以南区域高层建筑较少，主要为 8 层以下的多层建筑，大部分为深圳海关、深圳边检、深圳口岸等单位的办公及宿舍楼。该区域存在春风隧道下穿的条件，但也存在深港共管地域，受深港边界线等制约。

根据现有可能的条件，项目规划提出了 2 条线位进行比选（图 4–62）。

1）线位一

该线位起点至鹿丹村段与现状滨河大道线位基本一致，过了鹿丹村线位在船步路跨河桥北侧东行，过了船步路跨河桥线位向南偏穿越船步路，沿深港共管地域的北侧向南，先后下穿罗湖火车站及地铁 1 号线后，在深圳河及沿河高架之间的区域一直东行，终点接入沿河南路。该线位线形最小圆曲线半径为 800 m。

图 4-62 春风隧道线位比选图

2）线位二

该线位起点至鹿丹村段与现状滨河大道线位基本一致，过了鹿丹村线位在船步路跨河桥南侧东行，过了船步路跨河桥线位向南偏下穿渔民村、深港共管地域、罗湖火车站及地铁 1 号线后，在沿河路高架南侧一直东行，终点接入沿河南路。该线位线形最小圆曲线半径为 800 m。

线位一和线位二比选见表 4-3。

表 4-3 线位比选

线位	优点	缺点	推荐情况
线位一	避开了深港共管地域及渔民村的居民楼，协调难度较小	需要直接下穿海关、边检、口岸等办公及宿舍楼，共 28 栋，大多数为 8 层以下的建筑，需要与相关单位协调	推荐
线位二	直接下穿建筑物为 19 栋，大多数为 8 层以下的建筑，对建筑物的直接影响比线位一少	下穿深港共管地域，需要与香港有关部门共同协商，并且下穿渔民村的居民楼（9 栋），协调难度较大、协调时间长	不推荐

3. 横断面方案

1）隧道盾构段

隧道盾构段采用单洞双层的布置形式，隧道盾构尺寸为 15.00 m，单向路幅宽 9.00 m。从左往右布置为 0.50 m 路缘带 +2 × 3.25 m 行车道 +2.00 m 紧急停车带（图 4–63）。

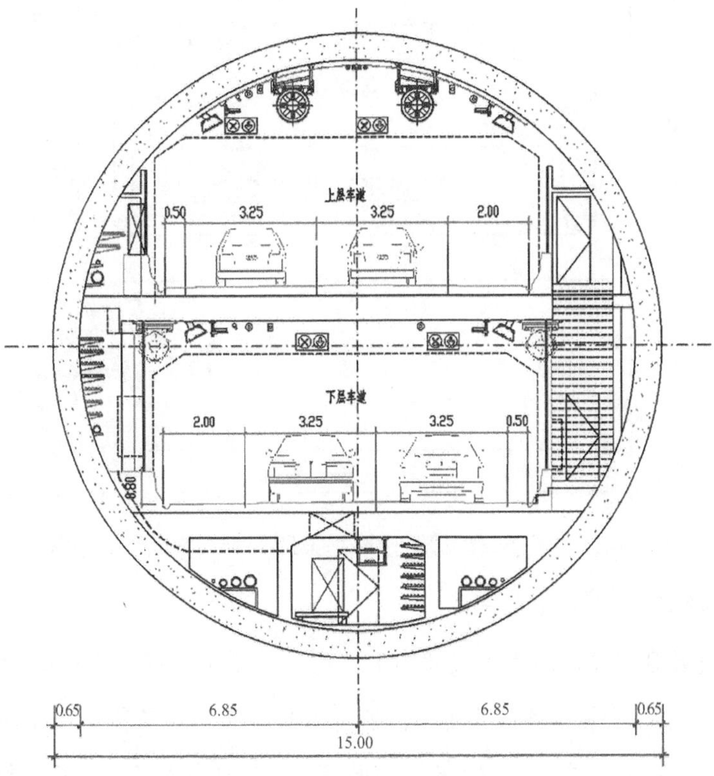

图 4–63 隧道盾构段标准横断面示意图

2）隧道暗埋段（闭合框架段）

隧道暗埋段（闭合框架段）尺寸为 12.45 m，单向路幅宽 9.00 m。从左往右布置为 0.50 m 路缘带 +2 × 3.25 m 行车道 +2.00 m 紧急停车带（图 4–64）。

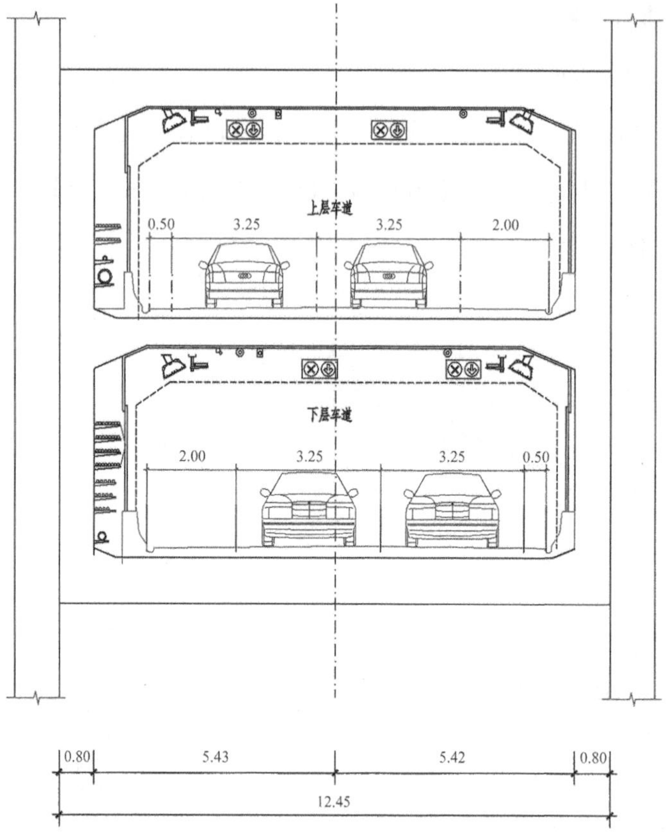

图 4-64 隧道暗埋段（闭合框架段）标准横断面示意图

3）隧道敞开段（U 槽段）

隧道敞开段（U 槽段）尺寸为 11.35 m，单向路幅宽 7.50 m。考虑隧道进出口段用地紧张，路面道路人行道基本紧贴两侧建筑物，为了减少道路对两侧建筑物的影响，同时考虑隧道敞开段（U 槽段）长度较短（最长段为 222 m），项目设计隧道敞开段（U 槽段）不设置紧急停车带，从左往右布置为 0.50 m 路缘带 +2 × 3.25 m 行车道 +0.50 m 路缘带（图 4-65）。

4）地面道路

地面道路分别与滨河大道及沿河路衔接，机动车道宽度取值与衔接道路一致为 3.50 m，地面道路在不同位置车道数有所变化（图 4-66）。

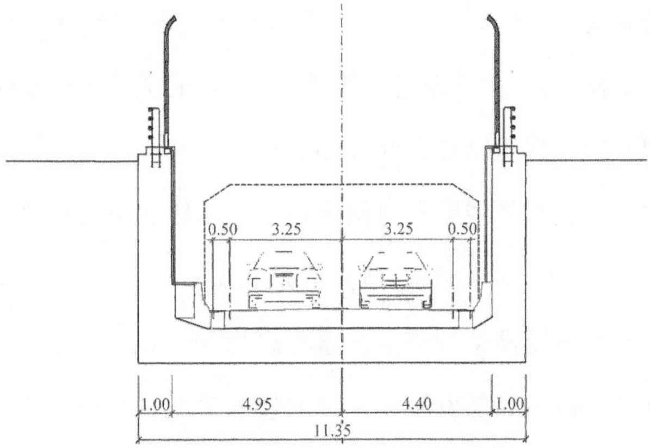

图 4-65　隧道敞开段（U 槽段）标准横断面示意图

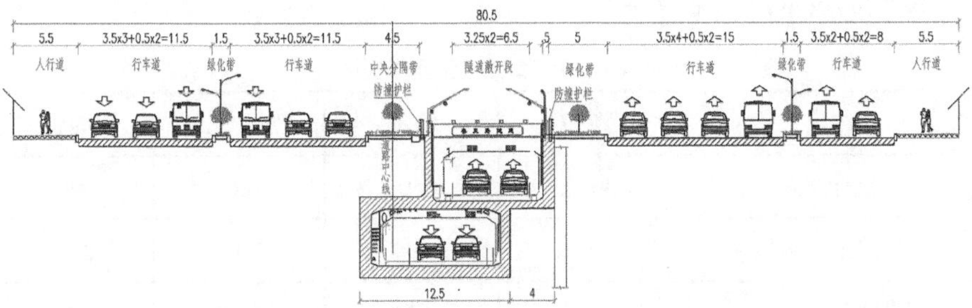

图 4-66　地面道路标准横断面示意图

4. 纵断面方案

春风隧道工程起于滨河大道上步立交东侧与滨河大道衔接，由西向东先后下穿地铁 9 号线鹿丹村站人行通道、布吉河、深圳海关办公及宿舍楼、广深铁路及罗湖火车站大楼、地铁 1 号线、深圳边检办公及宿舍楼、文锦渡口岸停车场等，终点接东部过境高速公路市政连接线配套工程的新秀立交。隧道封闭段长度约 4.65 km，隧道内最大纵坡控制在 5% 以内。

道路纵断结合平面线形进行设计，设计起点设于上步立交东侧，敞开段（U 槽段）及闭合框架段分左右幅定线，盾构隧道段以下层隧道设计线定线，终点接东配新秀立交沿河路下沉通道。纵断面设计过程中充分与道路平面配合，道路坡度满足排水要求。具体来说，隧道纵断面与相关敏感点高程关系如下：

①与滨河大道衔接道路高程为 5.79 m；

②隧道顶至地铁 9 号线鹿丹村站人行通道结构底垂直距离为 11.60 m；

③隧道顶至布吉河河床的垂直距离为 18.10 m；

④隧道顶至春风路高架桥桩基垂直距离为 3.30 m；

⑤隧道顶至广深铁路及罗湖火车站大楼的地面垂直距离为 27.50 m；

⑥隧道顶至地铁 1 号线区间段结构底垂直距离为 10.50 m；

⑦与沿河路衔接道路高程为 7.50 m。

纵断面技术指标见表 4–4。

表 4–4　纵断面技术指标

内容	单位	隧道	地面主路	地面辅路
设计速度	km/h	60	60	40
道路最大纵坡	—	4.9%	2.5%	2.5%
道路最小纵坡	—	0.3%	0.5%	0.5%
道路最小坡长	m	152.223	171.45	171.45
竖曲线数量	个	9	6	6
最小凸曲线半径	m	2 500	3 000	2 000
最大凸曲线半径	m	3 500	3 500	3 500
最小凹曲线半径	m	2 100	2 500	2 000
最大凹曲线半径	m	20 000	12 000	10 000

5. 出入口衔接方案

春风隧道建成后，与现状春风路高架、沿河路高架共同构成罗湖区南部东西向复合通道，沿线区域交通出行主要依靠春风路高架、沿河路高架实现，春风隧道主要承担过境交通功能。因此，春风隧道只在春风路高架东西两侧设置 2 对进出口，西段（起点段）与滨河大道衔接，东段（终点段）与沿河路衔接。

1）西侧出入口（接滨河大道）

该路段现状道路为滨河大道，道路北侧为滨河新村，南侧为滨河污水处理厂，两侧建筑较密集，由于春风隧道进出口设置在路面道路主线的内侧，需要滨河大道往两侧偏移。道路往两侧扩宽的空间十分紧张，为了节省道路空间，起点段采用隧道上下层先后出地面的方式。规划拟定两个方案进行比选。

（1）方案一（隧道上层为西往东方向，图 4-67）

春风隧道起点设置在滨河大道上步南立交与红岭南立交之间，而两立交距离只有 750 m，隧道进出口设置条件较苛刻。为了不影响红岭南立交，设计考虑滨河大道在红岭南立交前完成偏移，隧道需要在将滨河大道偏移后才有条件进出地面，这样隧道进出口基本需要设置两立交的中间位置。本方案为西往东方向设置在隧道上层，隧道口比东往西方向晚入地面，上层隧道敞开段（U 槽段）离上步南立交匝道有 170 m，滨河大道主线外偏不影响上步南立交匝道。

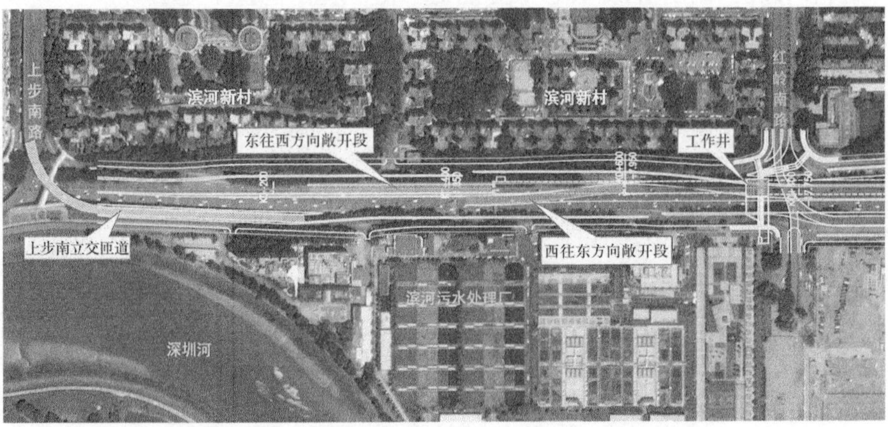

图 4-67　隧道上层为西往东方向方案平面图

（2）方案二（隧道上层为东往西方向，图 4–68）

本方案西往东方向设置在隧道下层，隧道口比东往西方向早入地面，上层隧道敞开段（U 槽段）顶到了上步南立交匝道出口位置，滨河大道主线外偏需要占用原来上步南立交匝道的位置，需要改造上步南立交匝道。

图 4–68　隧道上层为东往西方向方案平面图

（3）方案比选

两方案为隧道上下层互换关系，与地面衔接交通组织情况相同。与方案二比较，方案一不影响现状上步南立交，故推荐采用方案一。

2）东侧出入口（接沿河南路）

该路段主要为现状沿河南路，道路南边为沿河路高架，北边为新秀立交，东边为绿化带及海关宿舍等建筑，西边主要为行知职业技术学校、三九酒店等建筑。两侧建筑较密集，道路用地较紧张。规划拟定两个方案进行比选。

（1）方案一（隧道上下层同时出地面，图 4–69）

本方案隧道过了盾构工作井后，隧道上下层逐渐水平分离，然后隧道上下层同时进出地面与新秀立交衔接。隧道敞开段（U 槽段）与新秀立交距离有 200 m。由于本方案隧道口同时出地面，现状沿河路需要同时往道路两侧偏移，需要拆除行知职业技术学校 2 栋宿舍楼、加油站及三九酒店地下停车场进口道。

图 4–69　隧道上下层同时出地面方案平面图

（2）方案二（隧道上下层先后出地面，图 4–70）

由于起点段推荐采用隧道上层为西往东方向方案，因此终点段也采用隧道上层为西往东方向。由于隧道口采用上下层先后出地面，西往东方向的隧道敞开段（U 槽段）离新秀立交沿河路闭合框架的位置只有 60 m，不利于两项目衔接以及交通组织。本方案采用上下层先后出地面，比方案一节省了部分占地，但也需要拆除加油站及三九酒店地下停车场进口道。

（3）方案比选

两方案均需拆除加油站、三九酒店地下停车场进口道等，对两侧用地存在较大影响。方案二与新秀立交间距较近，交通组织衔接困难。为保障项目交通顺畅，实现快速通行的地下通道功能，推荐采用方案一。

图 4-70　隧道上下层先后出地面方案平面图

4.5　滨海大道改造工程

4.5.1　项目概况

滨海大道现状及未来均存在交通瓶颈，需进行综合改造。现状桂庙路—滨海大道—滨河大道是深圳市东西向骨干快速路，沿线存在 3 处瓶颈点（图 4-71），分别为春风路高架、桂庙路及现状滨海大道（南侧无辅道），随着春风隧道及桂庙路隧道建设，滨海大道将成为全线唯一的交通瓶颈。

滨海大道（深超总段）高峰小时交通量达 1.6 万 pcu（图 4-72），为桂庙路—滨海大道—滨河大道全线最大断面量，因现状滨海大道沿线地块开发程度低，目前交通状况相对较好，但也处于拥堵的临界值。

深圳湾公园交通配套设施不足，需打造交通门户枢纽。深圳湾公园有现状地铁 2 号线、9 号线、11 号线及规划 29 号线，共 4 个轨道站（图 4-73），除欢乐海岸外，轨道站距离深圳湾公园平均 1.5 km 以上，步行时间约 20 分钟，轨道到发不便。

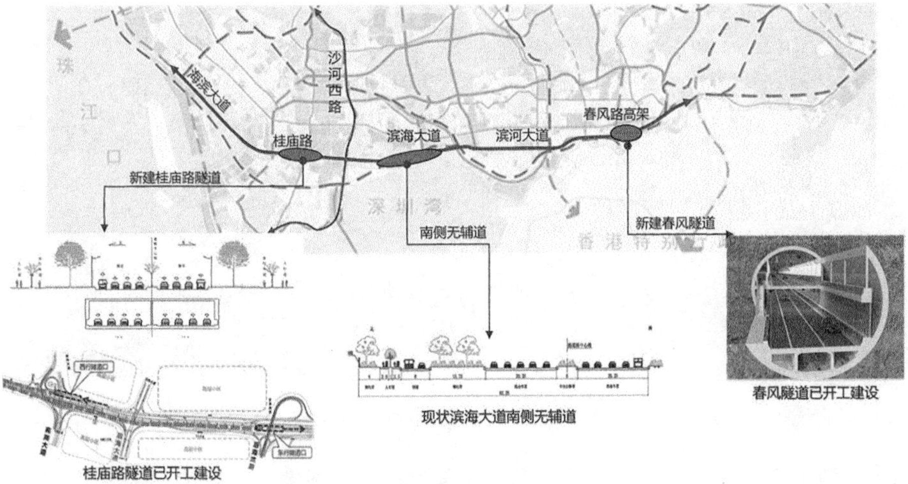

图 4–71　滨海大道交通瓶颈点

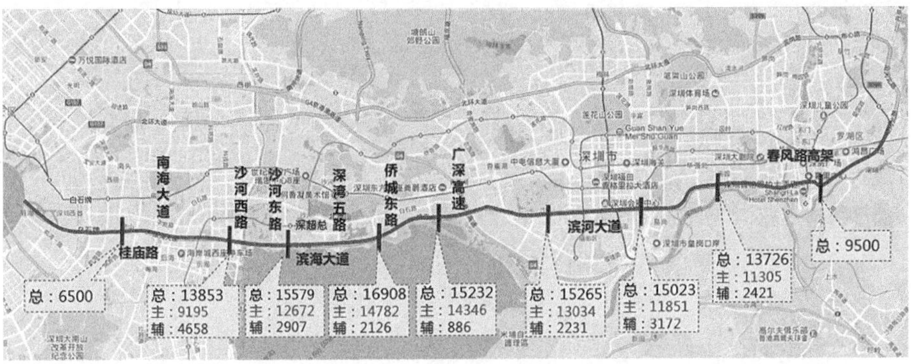

图 4–72　滨海大道高峰小时交通量

现状深圳湾公园仅 2 对路侧公交停靠站（图 4–74），共 5 条公交线路，缺乏公交首末站与旅游大巴停靠点，公交到发不便。

受滨海大道分隔，现状滨海大道 7 km 范围内仅 7 个过街通道（图 4–75），过街平均耗时 15 分钟以上，南北过街极为不便。

现状深圳湾公园地面仅 4 个停车场，约 600 多个泊位，节假日停车场回堵，辅道大量违停（违停车辆超 500 辆），停车设施不足。

图 4–73　深圳湾公园周边轨道站示意图

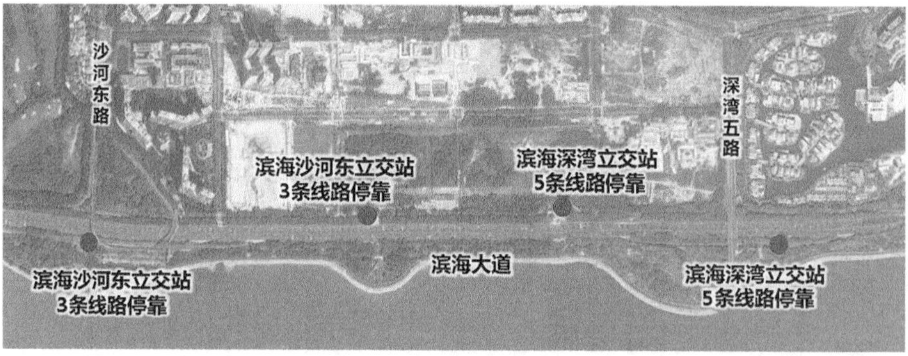

图 4–74　深圳湾公园周边公交站示意图

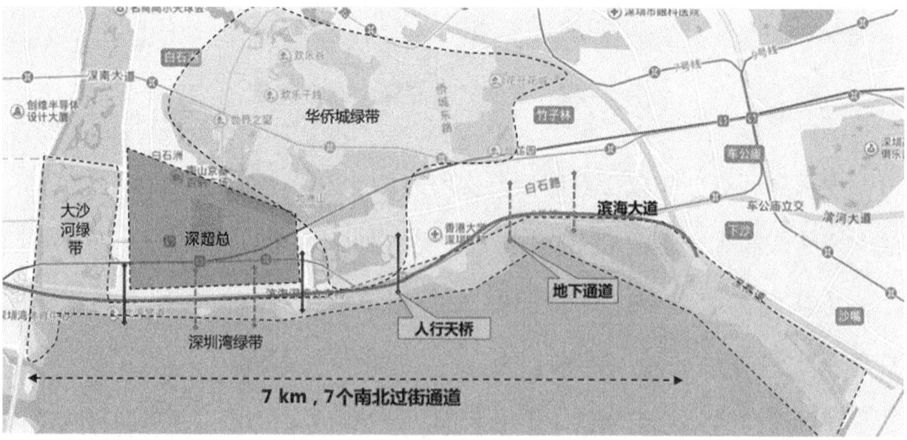

图 4–75　滨海大道周边过街通道示意图

4.5.2 改造目标

滨海大道改造后，不仅解决城市公共空间问题，同时也消除滨海大道现状的交通瓶颈，提前应对深超总高强度开发带来的进出交通问题，是公共空间与交通改善的复合性工程。

4.5.3 总体改造方案

为了适应深超总地下交通的模式和需求，通过将滨海大道（深超总段）整体下沉并扩容为主道双 8+ 辅道双 6，形成“地下 + 地上”立体化交通，完善区域路网结构，匹配全线通行能力，从而适应远期交通需求，对提升沿线居民交通出行条件具有重要意义。

1. 扩容至双向 14 车道

滨海大道（深超总段）改造工程西起沙河东路立交，东至滨海大道竹子林立交，跨南山、福田两区。本次滨海大道改造将现状双向 10 车道扩容至双向 14 车道，设计主线车道数为双向 8 车道，设计速度为 80 km/h；辅道车道数为双向 6 车道，设计速度为 40 km/h，分为下沉隧道段及平面道路改造段。

2. 在地下形成 4 层空间

改建道路中心线沿既有道路走行，全长 5 950 m，分为下沉隧道段及平面道路改造段。下沉隧道段集城市道路、地下港湾式公交停靠站、城际线站点等综合交通设施与地下空间开发于一体，在地下形成 4 层空间，分别为：

①地下一层为隧道上部空腔开发层，与深超总地下空间衔接；

②地下二层为北侧主辅道路、南侧主线道路以及北侧地下港湾式公交停靠站；

③地下三层为南侧辅道、南侧港湾式停靠站及穗莞深城际站站厅层；

④地下四层为穗莞深城际站站台层。

下沉隧道段南北辅道分别于第二层和第三层，在深湾支二街、深湾二路设两对进出匝道，与深超总地下空间环路衔接。

3. 设置地下公交停靠站

为保障公交停靠及乘客上下安全，南北辅道两侧在全线首次设置全地下港湾式公交停靠站，可满足每侧 8 条线路停靠需求。停靠站与隧道实行分区划分，各自独立管控，确保运营安全。

4.5.4 详细改造方案（部分）

基于确保深超总、欢乐海岸等沿线人流最密集地区的地面空间得到释放，保证滨海大道与沙河西路、侨城东路等快速路的快—快转换功能不受影响，尽可能避开现状及规划地铁，减少对已开工道路改造工程影响，以及减少对深圳湾公园的占用等总体原则，提出 3 个比选方案，如图 4–76 所示。

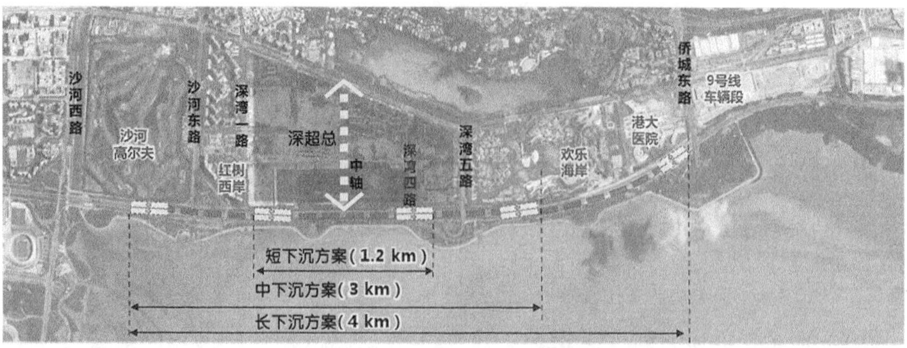

图 4–76　3 种方案示意图

1. 长下沉方案（沙河东路—侨城东路，长约 4 km）

沙河东、侨城东两座立交高架维持不动，西侧隧道口维持在沙河东路西侧不变，东侧隧道口从侨城东路东侧回退至侨城东路西侧，缩短 500 m（图 4–77）。投资约 70 亿元（比原规划方案减少约 10 亿元），地面空间释放约 30 万 m^2。

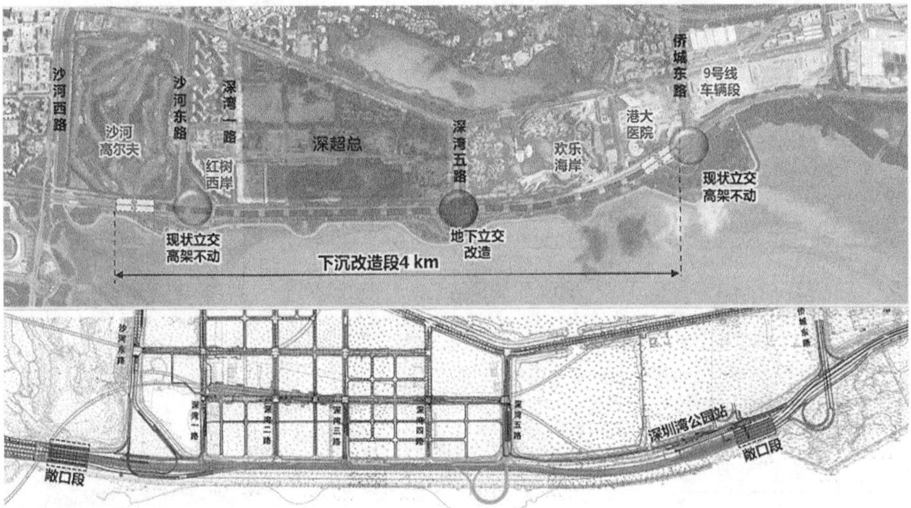

图 4–77　长下沉方案平面图

滨海—沙河东立交：维持现状立交高架不动，主线隧道出入口仍然在沙河东西侧，辅路隧道出入口置于立交区内，保证滨海大道辅路与沙河东 T 形全互通功能（图 4–78）。

滨海—侨城东立交：东侧隧道口西移 500 m 至侨城东路西侧冒出地面，侨城东立交高架维持不动（图 4–79），隧道敞口段需永久占用公园用地约 20 m。假如按照原方案改造侨城东立交，施工期间需占用 12 m 宽公园绿化，施工后可恢复。

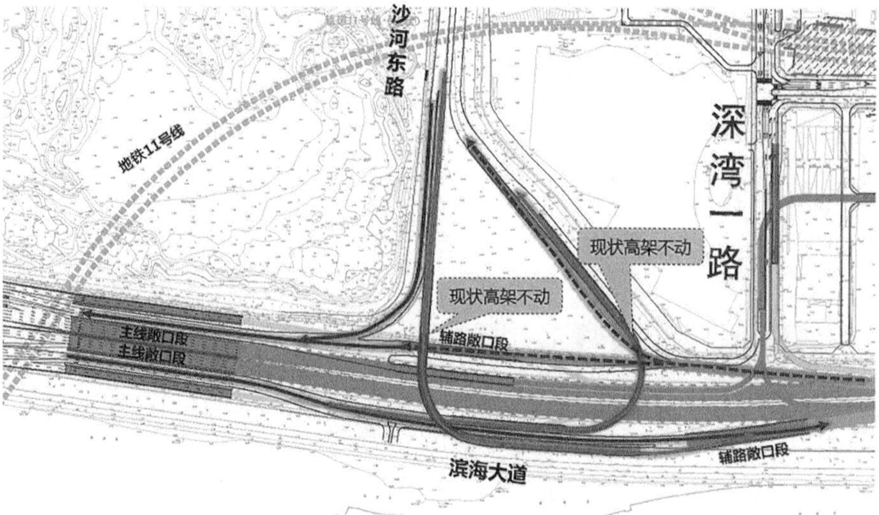

图 4-78　滨海—沙河东立交维持高架不动方案示意图

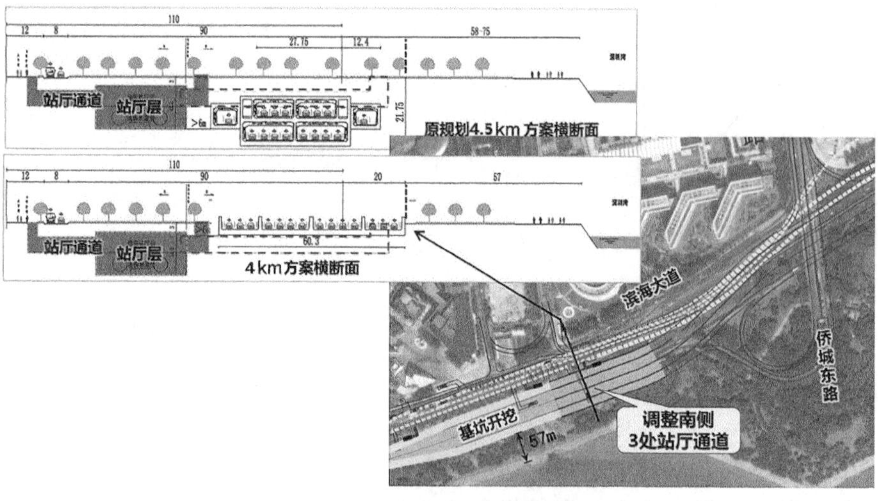

图 4-79　滨海—侨城东立交维持高架不动方案示意图

优点：①沙河高尔夫、深超总、欢乐海岸等人流密集区与深圳湾公园联合，释放约 30 万 m^2 公共空间，公共空间品质及面积大幅提升；②出入口位置敏感度相对较低。

缺点：①投资较大，工期较长；②需与地铁 9 号线协调，做好相关保护措施。

2. 中下沉方案（沙河东路—欢乐海岸，长约 3 km）

沙河东立交维持现状高架不动，深湾五路节点改造为地下立交；西侧隧道口维持在沙河东路西侧不变，东侧隧道口进一步缩短至深湾五路东侧，缩短约 1 km（图 4–80）。工程投资约 60 亿元（比原规划方案减少约 20 亿元），地面公共空间释放约 20 万 m^2。

优点：①工程投资比原规划方案减少约 20 亿元；②不需与地铁 9 号线协调，工程实施难度较小。

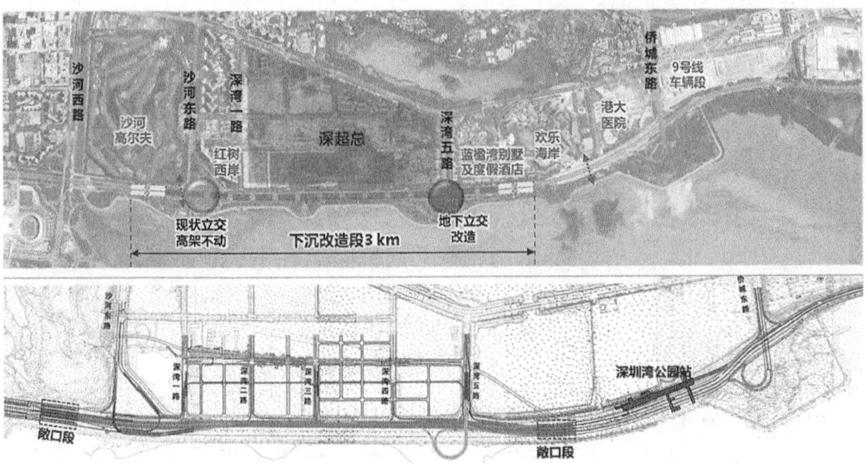

图 4–80 中下沉方案平面图

缺点：①释放公共空间面积减小为 20 万 m^2；②欢乐海岸段仍然存在分隔，需通过地下过街通道解决；③东侧隧道口在蓝楹湾别墅及度假酒店位置，存在环评维稳压力。

3. 短下沉方案（深湾一路—深湾四路，长约 1.2 km）

短下沉方案围绕深超总中轴进行下沉，下穿深湾一路至深湾四路，长约

1.2 km。西侧隧道口从沙河东路西侧缩至深湾一路东侧，东侧隧道口从侨城东路东侧缩至深湾四路东侧（图 4–81）。工程投资约 30 亿元（比原规划方案减少约 50 亿元），释放地面空间约 7 万 m^2。

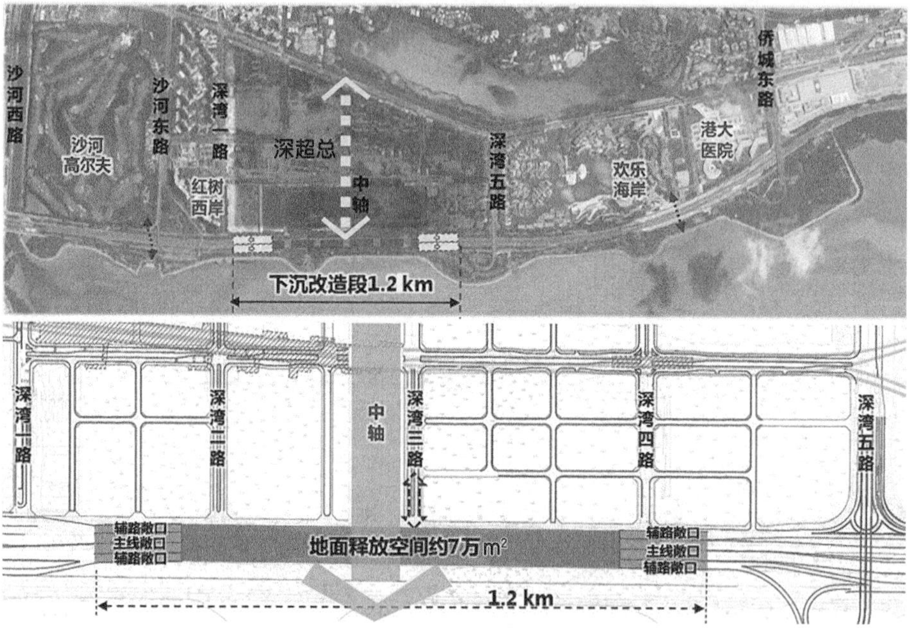

图 4–81　短下沉方案平面图

优点：工程量最小，投资最小，工期最短。

缺点：①仅释放 7 万 m^2 地面公共空间；②沙河高尔夫、欢乐海岸仍需通过地下通道解决南北过街问题；③仅能在深湾三路新增 1 处地下出入口，未来交通仍存在很大的拥堵风险。

4. 长、中、短下沉方案综合比选

综合考虑造价及工期、公共空间提升、深超总进出交通组织、环评维稳因素，对长、中、短下沉方案进行综合比选，见表 4–5。

表 4-5 长、中、短下沉方案综合比选

项目	长下沉（4 km）	中下沉（3 km）	短下沉（1.2 km）
造价及工期	造价约 70 亿元	造价约60亿元，工期与长下沉方案相同	工期最短，造价最小，约 30 亿元
公共空间释放面积	释放约 30 万 m^2	释放约 20 万 m^2	释放约 7 万 m^2
	4 km 长范围内完全消除分隔	深超总段分隔消除，欢乐海岸段仍存在分隔，需通过地下通道过街	深超总中轴约 800 m 长度范围分隔消除，沙河高尔夫、欢乐海岸段仍存在分隔，需通过地下通道过街
深超总进出交通组织	可新增 3 处以上地下出入口，交通组织好	可新增 3 处以上地下出入口，交通组织好	仅能新增 1 处地下出入口，交通组织较差
隧道出口位置环评维稳影响	相对较小	东侧隧道口离蓝楹湾别墅及度假酒店、欢乐海岸较近，影响相对较大	相对较小

5. 断面方案

1）断面方案一（地下四层，辅路叠层，主线最底层）

（1）负一层：商业、人行及市政管线。

（2）负二、三层：辅路叠放，可与深超总设置 3 处以上的地下进出口，交通组织高效。

（3）负四层：主线双向 8 车道。

隧道宽约 36 m，埋深 27 m，提供约高 12 m× 宽 11 m 的空间，可布设综合管廊等设施，断面布局较为集约；该断面埋深相对较大，工程投资相对较大（图 4-82）。

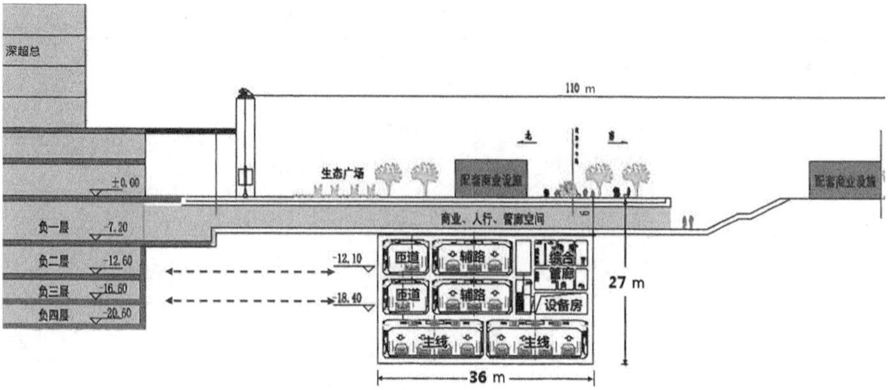

图 4–82　断面方案一示意图

2）断面方案二（地下三层，主路、辅路分别叠层敷设）

隧道缩减为地下三层，埋深 21 m，减小 6 m（图 4–83），节约投资约 5 亿元（长下沉方案情况下）。

（1）负一层：商业、人行及市政管线。

（2）负二、三层：主线双 8 叠层置于南侧，辅路双 6 叠层置于北侧，可与深超总设置 3 处以上地下进出口，交通组织高效。

该断面未考虑综合管廊布局，需二次开挖综合管廊基坑（约 2 亿元 /km）。

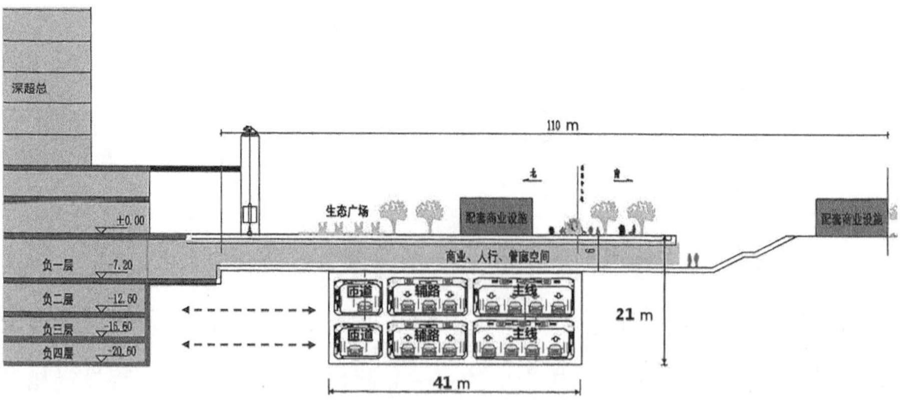

图 4–83　断面方案二示意图

3）断面方案三（地下三层，辅路平放，主路最底层）

（1）负一层：商业、人行及市政管线。

（2）负二层：辅路双向 6 车道平放。

（3）负三层：主线双向 8 车道。

隧道埋深约 21 m，基坑开挖比方案一增加 10 m（图 4–84）。交通疏解需占用公园绿地，且未考虑综合管廊布局，需二次开挖管廊基坑（约 2 亿元 /km），二次破坏公园绿化。

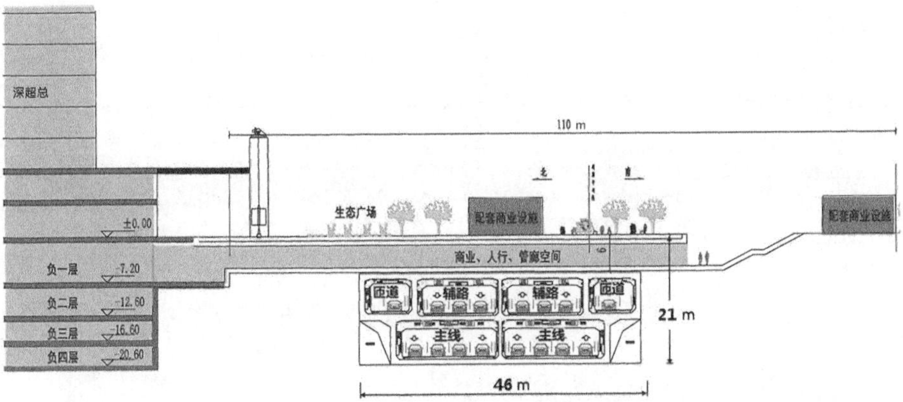

图 4–84 断面方案三示意图

深湾一路至深湾五路长约 1.6 km，平均间距约 400 m。辅路平放，进出深超总左转匝道需要做地下立交，设置困难（图 4–85），而辅路隧道叠层敷设可直接左出衔接深超总地下（图 4–86）。

假如辅道不做地下立交，参考广州临江大道案例，辅路下沉隧道与深超总设置地下平面环岛来解决深超总进出交通（图 4–87）。

4）断面方案四（地下二层，辅路地面，主线下沉）

（1）辅路双向 6 车道地面敷设。

（2）负一层：商业、人行及市政管线。

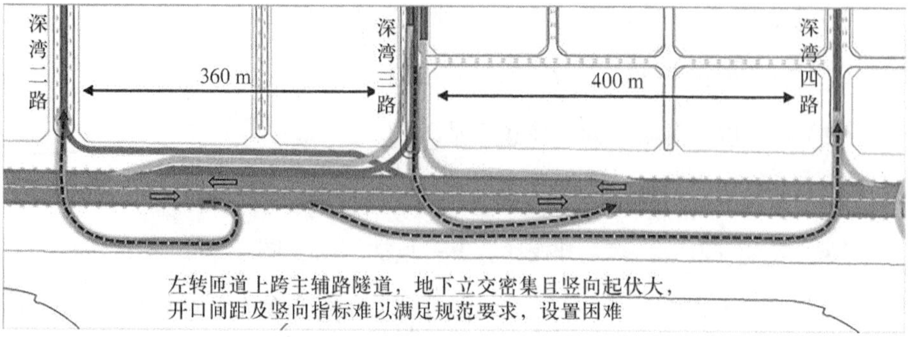

图 4-85　辅路地下平放示意图

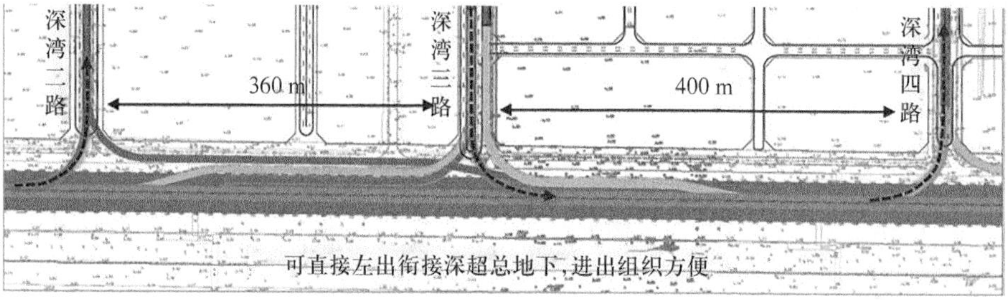

图 4-86　辅路地下叠放示意图

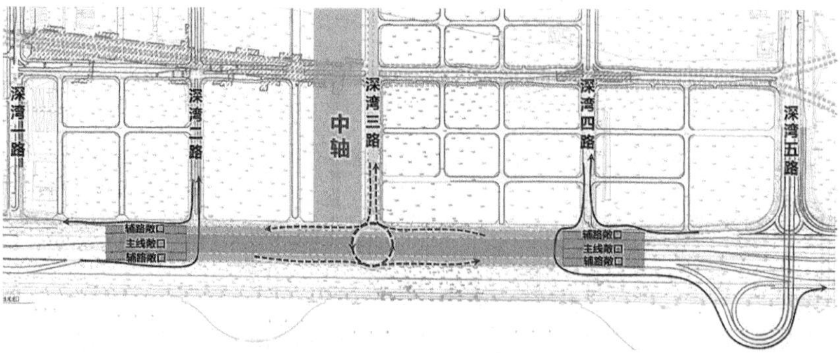

图 4-87　环岛方案示意图

（3）负二层：主路双向 8 车道。

隧道宽约 36 m，埋深 14 m（图 4-88）。深超总与深圳湾公园仍存在约 30 m 分隔，且辅路车流量大，南北过街不便。

辅路与深超总南北向道路设置灯控平交进出，经测算，早高峰西往东方向各路口直行与左转压力较大，东往西方向压力集中在深湾四路、五路，整体服务水平较差（图 4–89）。

短下沉情况下，辅路完全并到一侧设置长度仅约 150 m，下沉改造段大部分路段仍需二次过街，较为不便（图 4–90）。

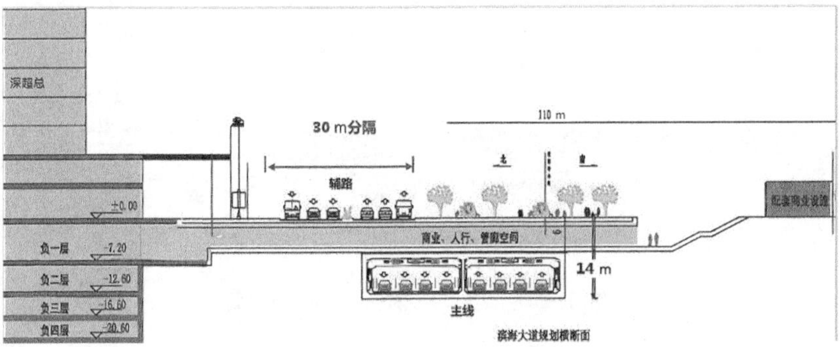

图 4–88 断面方案四示意图

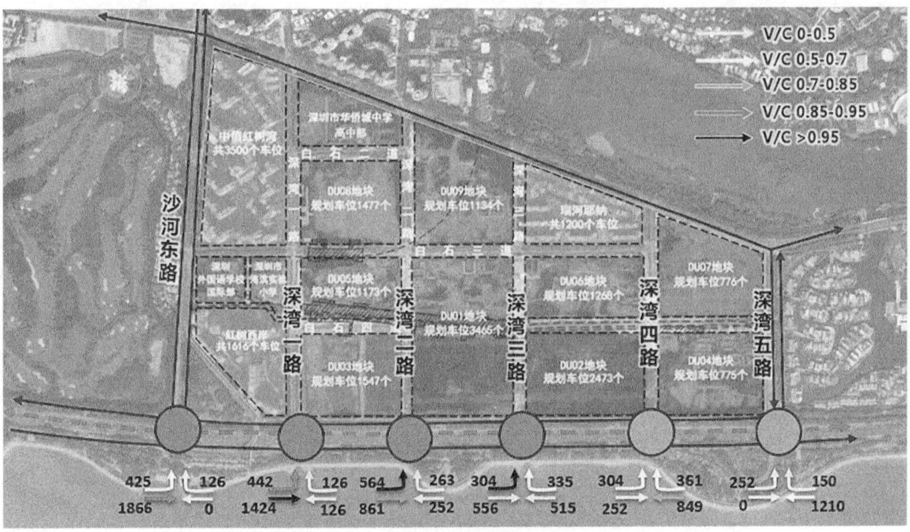

图 4–89 断面方案四通行压力

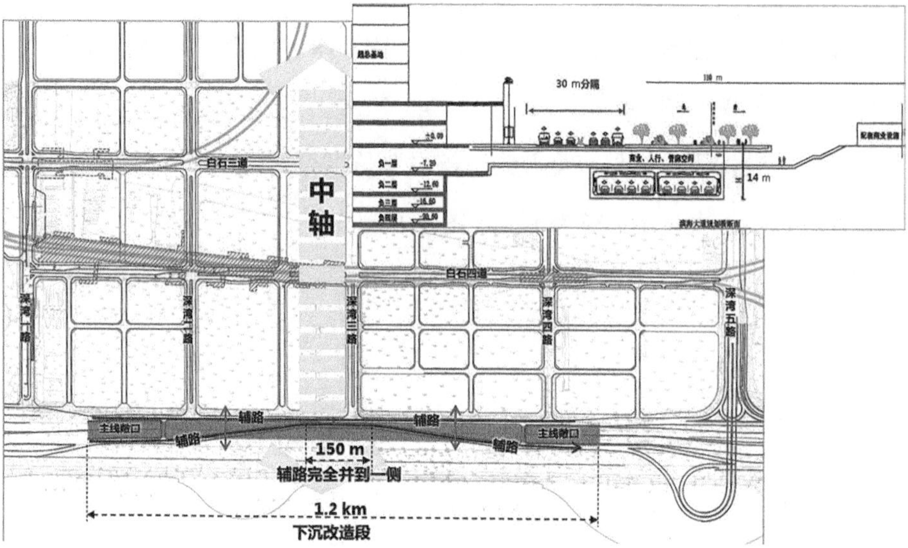

图 4–90　短下沉情况下通行不便

5）断面方案五（主辅路全下沉基础上，地面保留双向 2 车道）

在主辅路全下沉的基础上，地面保留双向 2 车道，作为公交专用或应急消防通道（图 4–91）。

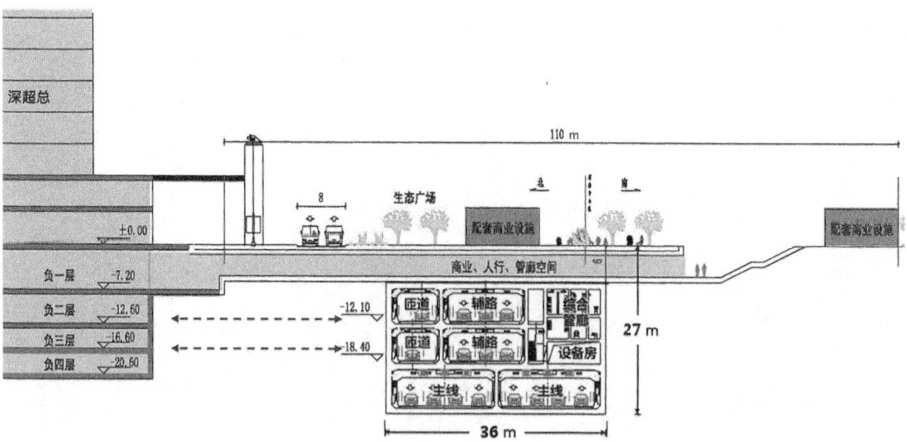

图 4–91　断面方案五示意图

6）断面方案综合比选

鉴于滨海大道下沉改造是打造门户地区综合交通枢纽，提升城市公共空间品质、营造宜居城市的重要工程。方案一地下四层方案工程难度大、投资高；方案四和方案五地面保留辅道系统，影响公共空间品质；方案二主辅路平面线位需在地下空间交错，交通组织复杂，工程难度大。经综合比选，推荐采用方案三（地下三层，辅路平放，主路最底层）。

4.6 盐梅路改造工程

4.6.1 项目概况

1. 项目背景

新时代背景下深圳肩负国家特殊使命，正全力建设中国特色社会主义先行示范区和全球海洋中心城市，需在更高起点、更高层次上推进先行示范。旅游发展在激发城市活力、彰显城市气质品质等方面发挥重要作用，聚焦“双区”引领的背景，深圳提出建设世界级滨海旅游目的地的旅游发展目标。东部滨海地区依托优越的山海资源与既有的旅游品牌，是共建世界级旅游目的地的重要战略地区，有机遇在践行民生幸福、生态文明、可持续发展、彰显海洋特色等方面贡献自己的先行示范力量。

2018 年 10 月，深圳市政府召开办公会议讨论研究东部地区旅游品质提升工作，指出开发好、利用好东部地区旅游资源是政府工作重要着力点，东部地区旅游发展要纳入全市旅游规划统筹考虑，围绕全球海洋中心城市建设，凸显深圳滨海特色，用好海洋资源，将东部滨海地区建设成为高水平、高质量的海滨旅游胜地，成为深圳旅游业发展和高端旅游项目开发的前沿阵地。

为落实《广东省沿海经济带综合发展规划（2017—2030 年）》，推动发展“交通 + 旅游”新业态，探索绿色交通发展新模式，打造广东滨海旅游休闲新名片，促进沿海经济带发展，广东省发布了《广东滨海旅游公路规划》。规划要求滨海旅游公路要立足“交通 + 旅游”融合发展理念，通过纵横向特色化设计，打造贴近海岸、连通园区、串接景点、融入景观、快慢和谐、服务完善的复合型公路旅游休闲廊道，并使其具备通达滨海城镇、园区、港口、景区的公路功能。

深圳东部具有国际一流的滨海旅游资源禀赋，按照打造全球标杆城市的目标和建设世界级旅游目的地的要求，需要高起点规划、高标准设计、高质量建设。为进一步加强东部滨海公路与周边旅游系统的衔接，统筹东部滨海公路行车道、绿道、栈道、节点、景观绿化等系统的建设，优化东部滨海公路的交通组织与管理，打造世界级滨海旅游观光公路，深圳市相关政府职能部门组织开展了深圳东部滨海旅游观光公路（即省道 S360）改造提升工作。

2. 研究范围

深圳东部滨海旅游观光公路西起于深盐路梧桐山隧道出口，止于大鹏半岛坪西路布新立交，途径盐田区和大鹏新区，由深盐路、盐梅路、深葵路、葵鹏路、迭福路构成，全长约 36 km。

4.6.2 改造目标

本次提升将滨海旅游公路打造为“蕴含滨海魅力的湾区级旅游大道，体验深圳海洋印记的示范区旅游通廊”。

1. 粤港澳大湾区的滨海旅游纽带

《粤港澳大湾区发展规划纲要》提出东部滨海地区建设粤港澳大湾区世界级旅游目的地，促进滨海旅游业高品质发展，加快“海洋—海岛—海岸”

旅游立体开发，完善滨海旅游基础设施与公共服务体系。东部滨海公路有助于提升东部山海生态度假区旅游基础设施与旅游服务，助力深圳打造大湾区滨海旅游目的地。

2. 深圳东部的多元旅游体验之路

东部滨海地区具有得天独厚的岸线旅游资源，滨海公路贯穿全境，具有发展公路旅游潜质。东部地区旅游交通出行呈现“淡季旺季”的客流波动，不同季节提供不同的自驾、地铁、公交、骑行、慢行等特征，打造“波谷适宜自驾、波峰便于游览”的旅游体验。

3. 独具特色的旅游休闲走廊

东部滨海地区以创建“世界级绿色、活力海岸带”为目标，从景点游向全域游转变，以海岸带作为陆海空间耦合的重要发展轴带，推进岸带陆海协同发展。东部滨海公路重点营造“听海、乐海”的滨海度假胜地及“慢、静、雅”的滨海生活。

4.6.3 总体改造方案

滨海公路沿线旅游资源各有特色，功能各有不同。为营造滨海城区、主题公园、山海景区不同旅游交通体验，一段一策，分段打造滨海旅游观光公路，差异化营造深盐路段、梅沙段、大鹏段旅游交通体验，打造“乐港城—观山海—享风情”差异化旅游交通纽带。

1）深盐路段（梧桐山隧道出口—北山道）——乐港城：挖潜空间、向慢倾斜、节点重构、体验提升

该路段穿越盐田主城区，两侧为滨海城区，对绿色出行要求较高，在保持原有车行系统功能和交通承载不变的情况下，适当压缩路段车行系统空间，优化节点交通组织，提高道路通行效率，提升慢行系统的路权，建设连

续的自行车道系统，塑造舒适宜人的步行空间。

2）梅沙段（北山道—背仔角）——观山海：慢行修复、山海纵横、节点提升、观山悦海

该路段横穿盐田梅沙片区，道路两侧分布大小梅沙及华侨城等主要山海景观，未来梅沙码头建成、大小梅沙升级改造等，将使梅沙片区成为整个大湾区东部滨海旅游的一级中转地，考虑对既有慢行系统进行修复，充分挖掘慢行空间，系统布局沿线绿化，与景观绿化相结合，打造“人车分离、漫游山海”的旅游体验。

3）大鹏段（背仔角—布新立交）——享风情：编织慢行、穿山享林、增设驿站、游旅结合

该路段穿越大鹏区，自然生态资源丰厚，以保护性开发为前提，优化路网，支撑旅游产品开发，打造连续的慢行系统，增设休闲驿站，打造生态休闲文脉之旅，进一步挖掘大鹏段沿线滨海、山林、小镇、城市等多样化资源的旅游价值。

东部滨海公路从道路、绿道、栈道、驿站节点四大系统着手，提升改造标准和景观品质，增加自驾、慢行和公交游客的亲海体验，建设贴近海岸、串联景点、融入生态、快慢和谐、服务完善的复合型公路旅游休闲廊道，打造粤港澳大湾区“最美滨海旅游观光公路”。

根据沿线旅游交通集散特征及交通需求，滨海旅游观光公路车行道采用差异化断面设置形式，城区段双向 4 车道 ~ 双向 6 车道，山区段双向 2 车道（局部双向 3 车道）。慢行系统方面，规划绿道总长约 39 km，其中保留现状 11.2 km，改建 7.2 km，在建 3.1 km，新建 17.2 km；规划海滨栈道 12.6 km，其中重建 3.9 km，新建 8.7 km，同步设置 8 个驿站。

4.6.4 详细改造方案（部分）

1. 梅沙段（大梅沙、小梅沙以外路段）车行系统改造方案

现状盐梅路高峰时段呈现拥堵状态，且潮汐现象明显，尤其是旅游旺季期间，大量小汽车出行对片区路网造成巨大冲击，片区东西向通道交通拥堵频发。通过对盐梅路双向 2 车道段进行适当拓宽，可缓解高峰时段拥堵状况，同时提高大型车辆通行效率。

梅沙段（大梅沙、小梅沙以外路段）主要对墟镇段、盐港东立交段、菠萝山段、天琴湾段以及背仔角段共计 5 段进行拓宽改造，拓宽全长约 7 km。其中，墟镇段、盐港东立交段及菠萝山段作为盐梅路西段，长约 3.8 km；天琴湾段为盐梅路中段，长约 1.5 km；背仔角段为盐梅路东段，长约 1.7 km。具备条件的路段尽量向海洋一侧拓宽，必须开挖山体边坡的须按照“安全、生态、美观”的原则制定最优生态修复方案。

1）墟镇段

考虑墟镇沿线的出行需求以及现状条件，向南侧拓宽至双向 4 车道，建筑拆迁 5 500 m^2（自建房），需拆除重建海滨绿道 260 m，新建挡土墙 1 100 m，回填土方 2.6 万 m^3，以及 2 座现状桥梁拓宽（图 4–92）。

2）盐港东立交段

考虑盐梅路自身的通行需求，兼顾东港区的出行需求，拓宽为双向 4 车道。受坪盐立交桥梁桩基影响，原线位无拓宽条件，故在坪盐立交南侧新建双向 4 车道桥梁跨越盐港东立交，长度约 800 m，涉及东港区用地约 4 000 m^2（图 4–93）。

盐梅路（墟镇段及盐港东立交段）规划横断面尺寸布置如下：15 m（机动车道）+1.5 m（绿化带）+2 m（自行车道）+2 m（人行道）=20.5 m，如图 4–94 所示。

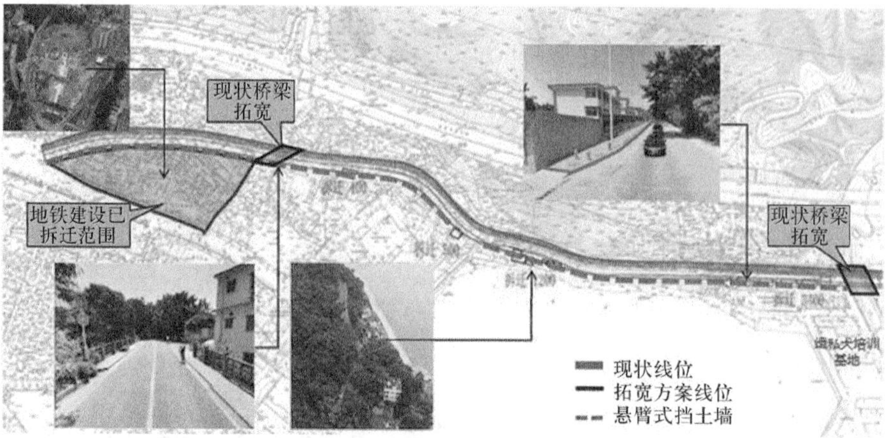

图 4–92　墟镇段规划方案图

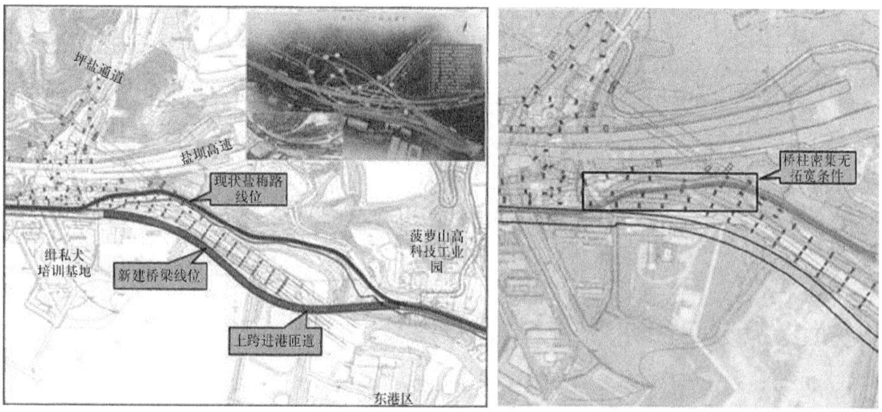

图 4–93　盐港东立交段规划方案图

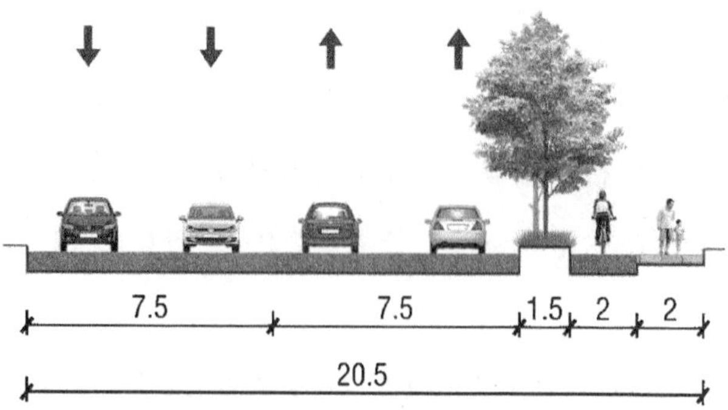

图 4–94　盐梅路（墟镇段及盐港东立交段）规划横断面图

3）菠萝山段

该路段存在较多山体，故拓宽为双向 4 车道较双向 3 车道弯道处开挖边坡量多 96%，考虑生态保护及景观效果，推荐拓宽为双向 3 车道，中间设置为潮汐车道，以适应旅游交通极为明显的潮汐特性（图 4–95）。

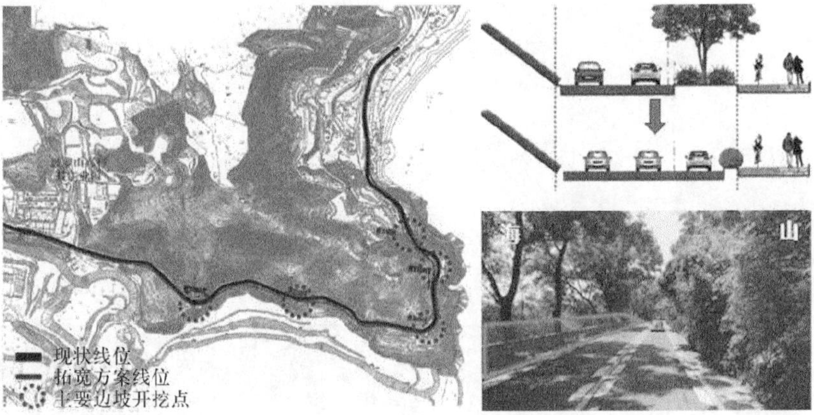

图 4–95 菠萝山段规划方案图

盐梅路（菠萝山段）规划横断面尺寸布置如下：11.5 m（机动车道）+ 1.5 m（绿化带）+2 m（自行车道）+2 m（人行道）=17 m，如图 4–96 所示。

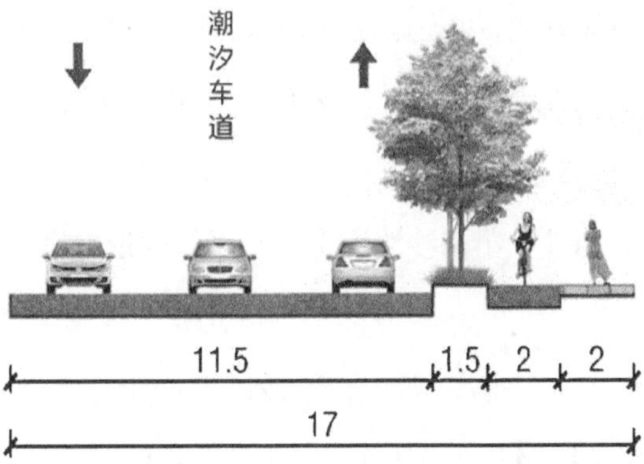

图 4–96 盐梅路（菠萝山段）规划横断面图

4）天琴湾段

天琴湾别墅群位于坡顶，故只能向靠海一侧进行拓宽。由于靠海一侧拓宽填方量双向 4 车道是双向 3 车道的 10.7 倍，考虑生态保护及景观效果，推荐拓宽为双向 3 车道，中间设置潮汐车道（图 4–97）。

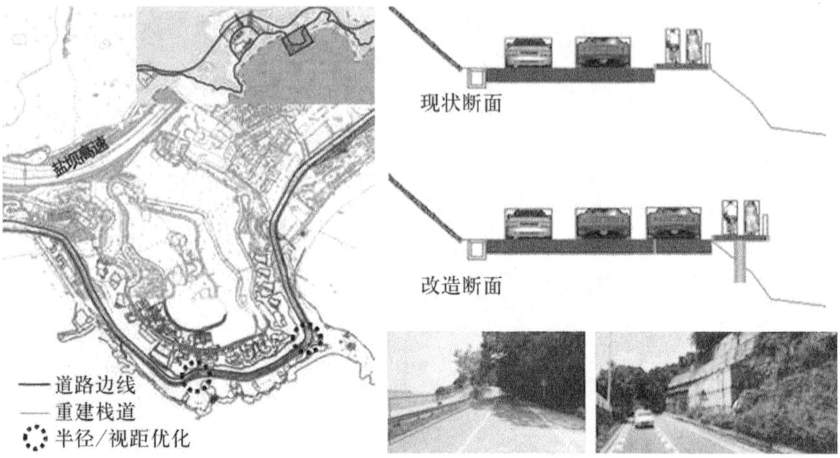

图 4–97　天琴湾段规划方案图

5）背仔角段

考虑梅沙片区旺季旅游出行需求，以及提升道路通行效率，利用路侧绿地和弯道处适当边坡开挖，将道路拓宽至双向 3 车道，中间设置潮汐车道，边坡开挖 2.6 万 m^3，新建桩板式挡墙 250 m，调整曲线 2 处，圆曲线半径为 45 m 和 40 m（图 4–98）。

2. 梅沙段（大梅沙、小梅沙路段）车行系统改造方案

1）大梅沙段

为了减少人车干扰，提高车行及慢行效率，大梅沙城区段结合地铁 8 号线建设，对盐梅路主线路段进行下沉改造（图 4–99）。

盐梅路（大梅沙段）规划横断面尺寸布置如下：3.5 m（人行道）+1.5 m

（绿化带）+2.5 m（自行车道）+2 m（绿化带）+8 m（机动车道）+3 m（绿化带）+8 m（机动车道）+1.5 m（绿化带）+1.5 m（自行车道）+2 m（人行道）=33.5 m，如图 4–100 所示。

图 4–98　背仔角段规划方案图

图 4–99　盐梅路（大梅沙段）改造方案图

2）小梅沙段

盐田区城市更新和土地整备局于 2019 年发布了关于梅沙街道小梅沙片区城市更新单元计划，小梅沙片区整体改造将进入实施阶段。根据小梅沙整体改造规划，片区开发量为现状的 1.85 倍，现有双向 2 车道已经不能适应未来发展要求。因此，结合片区改造，将盐梅路拓宽为双向 4 车道，提高道路通行能力，缓解路段交通压力。

盐梅路（小梅沙段）规划横断面尺寸布置如下：3 m（人行道）+2 m（自行车道）+15 m（机动车道）+2 m（自行车道）+3 m（人行道）=25 m，如图 4–101 所示。

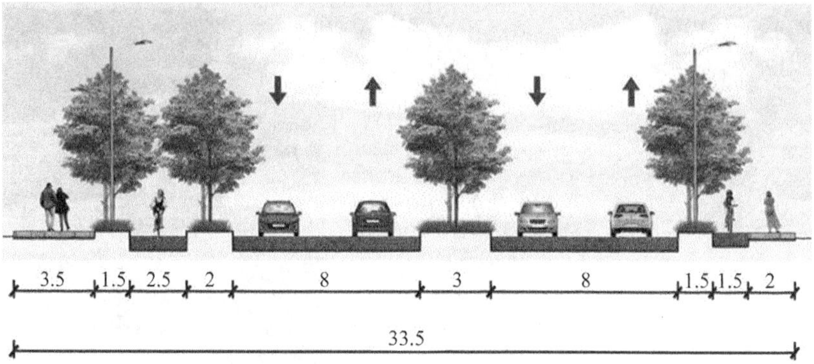

图 4–100　盐梅路（大梅沙段）规划横断面图

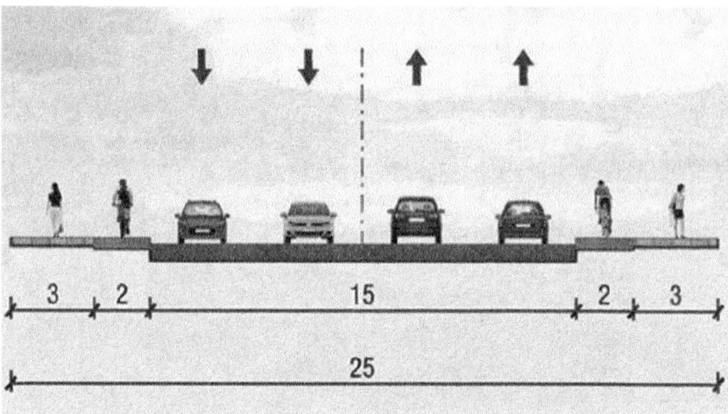

图 4–101　盐梅路（小梅沙段）规划横断面图

3. 栈道系统改造方案

贯彻“安全、人性化、亲海、防灾”的原则，规划海滨栈道 12.6 km，其中重建台风损毁栈道 3.9 km，新建栈道 8.7 km。增加亲海体验，增强防灾能力，串联绿道及观景台，近海更要亲海，形成观海视觉通廊，架起通往“深蓝秘境”的桥梁。

景观栈道是增添场地趣味性和情调性的媒介，凭借它展现的美景或者终点的吸引力，可以将人从一点引至另一点，在景观中起着引人入胜的轴线功能。本次栈道设计采用单臂形式，梁柱为钢筋混凝土结构，面层为高耐竹材，栈道宽 2.5 m，栏杆高 1.15 m（图 4–102）。

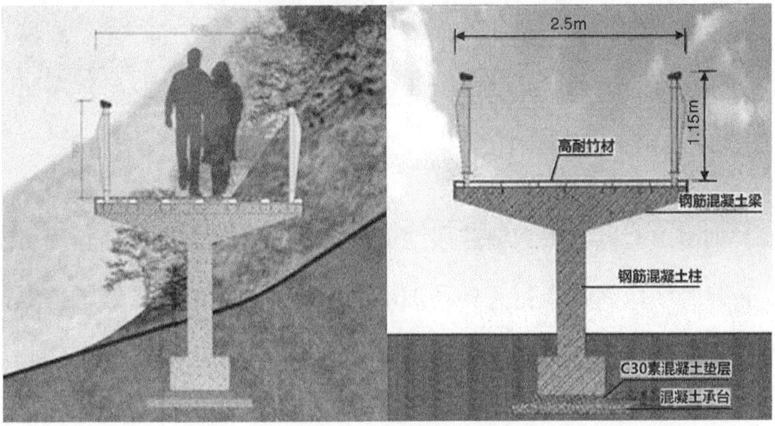

图 4–102　栈道设计效果图

4. 节点系统改造方案

为了完善旅游多式转换，提高节点通行效率，同时为游客提供驻足、休憩、观景的空间，形成“3 大节点、8 大驿站、19 个观景平台、5 个主题段”的节点系统：改造盘山公路、梧桐山、烟墩山 3 个节点，将车行、绿道、栈道系统有机融合，满足多式转换空间的需求；打造气象角、地质角、情人角、背仔角、玫瑰海岸、东纵纪念、花海闻香和丹霞映日 8 大驿站，提升旅游文化品位，传承历史文化，从而打造城旅融合、科普教育、滨海情愫、红色传承、山林生态 5 个主题区段。

（1）梧桐山节点方案：结合城市更新、轨道建设，此段绿道设计采取立体方式，新建 2 层连廊，衔接城市街道、地铁站及梧桐山，改造效果见图 4–103。

图 4-103　梧桐山节点方案效果图

（2）烟墩山节点方案：该路段绿道设计采取立体方式，消除现状铁路的分隔，新建跨平盐铁路慢行天桥及烟墩山栈道连接盐田食街慢行桥，打通深盐路前往翡翠岛综合体和烟墩山公园慢行路径，改造效果见图 4-104。

图 4-104　烟墩山节点方案效果图

（3）气象角驿站方案：依托现有气象观测设施，增加气象教育元素，打造集休憩、交通转换、海洋气象教育于一体的综合型旅游服务节点，提升滨海旅游的趣味和文化品位，改造效果见图 4–105。

图 4–105 气象角驿站方案效果图

（4）东纵纪念驿站方案：植入东江纵队历史元素，打造集休憩、交通转换、历史传承、爱国主义教育于一体的旅游服务节点，改造效果见图 4–106。

（5）背仔角驿站方案：挖掘地区文化内涵，融入背仔角观景改造方案之中，在观山望海的同时，提升传统亲情文化感知，改造效果见图 4–107。

图 4-106　东纵纪念驿站效果图

图 4-107　背仔角驿站方案效果图

4.7　创新大道环境提升工程

4.7.1　项目概况

1. 项目背景

（1）“双区”驱动历史机遇下，深圳聚焦建设全球创新创业创意之都，要求南山区高质量推进高新区建设，推进南山园区提质增效。

随着近年来经济发展和创新能力的不断增强，深圳的城市地位和影响力日益提升。随着大前海中心建设速度的加快，城市东西两翼拓展有力推进，深圳作为超大型城市的发展格局正在形成，区域影响力快速提升，以深圳为中心的大都市圈雏形显现。南山区作为城市主中心之一，应抓紧新一轮城市发展机遇，加快产业集聚化高端化发展，全面提升区域地位和功能，发挥区域辐射带动作用。

2020 年，深圳市第六届人民代表大会第八次会议提出："聚焦建设综合性国家科学中心主阵地，打造全球创新创业创意之都，高质量推进高新区建设，推进南山园区提质增效，加快高新北区升级改造。"

作为串联留仙洞战略性新兴产业总部基地和高新区、后海中心等重点区域的创新大道，亟须在交通、品质、环境等各方面进一步改造提升，以支撑沿线重点区域发展。

（2）深圳高新区是深圳核心创新平台之一，创新大道是深圳市科技创新的产业大道，其整体品质及环境亟待提升。

《粤港澳大湾区发展规划纲要》提出创新驱动战略，建设"广州—深圳—香港—澳门"科技创新走廊，其中深圳高新区是广深科技创新走廊中深圳市"四大核心"之一，是深圳市高新技术产业带的重要组成部分。

创新大道南北贯穿深圳高新区，是深圳市科技创新的产业大道。道路沿线地区面积仅为全市的 1%，却占了全市 GDP 的 12%；上市公司 112 家，独角兽企业 8 家；创新载体 1 225 个，占南山区 53.3%；市级以上孵化器 30 个，占南山区 50%；市级以上众创空间 59 处，占南山区 44.7%；高新技术产业园超过 120 家，高新企业超过 1100 家。同时，创新大道见证了深圳市工业及科技创新产业的转变历程，是展现深圳产业历史与未来、见证南山科技兴区的“时光隧道”（图 4–108）。

图 4–108　创新大道发展历史沿革

现状创新大道品质及环境与核心创新平台的功能定位不符，难以承担展示高新区的城市形象重任，其整体品质及环境亟待提升。

（3）地铁 13 号线及地下空间建设有序推进，创新大道迎来同步升级契机。

地铁 13 号线贯穿创新大道南北，促进未来沿线出行结构向“轨道公交 + 慢行”绿色出行方式转化，对街道出行环境提出更高要求。创新大道地下空间开发项目，沿地铁 13 号线从科苑站到松坪站，共囊括 5 个站点和 5 个区间，全长约 3.4 km（含轨道站厅），总建筑面积约 10 万 m^2，如图 4–109 所示。市区各级领导也对本项目提出要求：一是要理顺通达性和节点改造；二是结合地铁 13 号线建设，统筹地下空间开发；三是同步做好城市改造和环境提升。

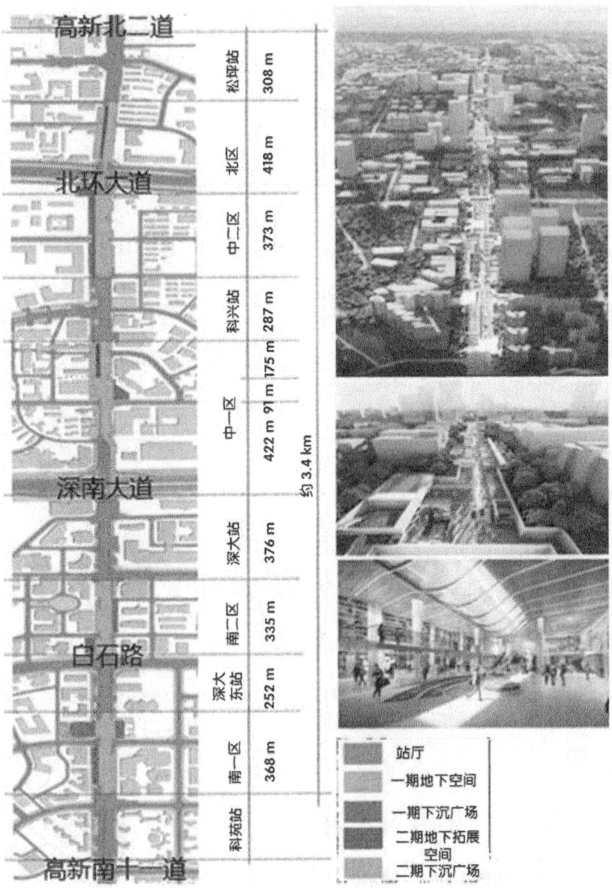

图 4–109 地铁 13 号线及创新大道地下空间建设情况

2. 研究范围

创新大道南起深圳湾、北至西丽湖，道路全长约 12 km（市区最长南北向主干道），沿线串联歌剧院、深圳湾口岸、后海金融商务总部基地、高新区、西丽枢纽、留仙洞战略性新兴产业总部基地和西丽湖国际科教城 7 个市级重点区域。本次创新大道综合提升工程范围为工业八路至同沙路段，长约 8.79 km，项目途经区域主要包括蛇口、后海、高新区及留仙洞片区。

4.7.2 改造目标

结合地铁 13 号线线路分布、科苑大道地下空间综合开发工程及片区内施工期间交通疏解，拟将创新大道进行整体规划、分期实施，在保障片区运行的同时，总体设计、试点先行，以线扩面地稳步提升。通过营造多元活力街道、打造安心有序交通、塑造品质和谐街道来建设国际领先、国内一流的高品质街道示范区。以构建一条以深圳人文精神为路径，以产业发展脉络为载体的开放式科技博物馆大道为目标，力争将创新大道打造成为彰显深圳全球创新创意之都风采的“科技星光大道”。

4.7.3 总体改造方案

在提升目标导向下，针对当前创新大道在街区空间、街道功能、街道设施、空间融合、细节体验和城市印象等方面存在的不足，提出四大总体策略。

1. 交通改善

通过交通综合改善，构建门户大道基础，其主要策略包含以下四点。

（1）绿色出行：构建轨道接驳，提升换乘效率；优化公交站点布局，鼓励绿色出行；完善慢行过街设施，改善慢行环境。

（2）路网完善：改造外围干道，完善区域路网；打通片区道路，均衡路网压力；贯通创新大道，补全道路功能。

（3）打通瓶颈：改善片区对外两大拥堵节点，提升道路对外集散能力。

（4）断面重构：压缩行车道宽度，统筹建筑前区空间，构筑开放公共空间。

2. 智慧提升

“科技以人为本”，以提升出行体验为主线，通过设施、管理、服务的智慧化升级，全面提升轨道、公交、慢行、小汽车的出行服务，支撑公交慢行出行比例提升至 90% 的目标，打造创新大道四大科技体验。

（1）打造数据驱动的绣花式管控体验：建设全息感知路口，实时洞悉人车需求变化，数据驱动车道、信号全天候精准适配交通需求，提升路口通行效率。

（2）打造随需而至的响应式公交体验：针对现有公共交通出行存在的痛点，从长线点对点巴士、短线接驳小巴、常规公交服务等方面，全面提升公交出行效率和服务品质，提高公交出行分担率。

（3）打造科技乐活的贴心式慢行体验：慢行交通不仅是居民出行的基本交通方式，更是居民交往的基本生活方式，是城市活力魅力的集中体现。基于扬·盖尔城市公共空间设计理论和马斯洛需求理论，覆盖全人群、全目的、全层次慢行需求，以智慧提升对策打造乐享科技的互动式慢行体验，激发街道创新活力。

（4）打造精细治理的微创新服务体验：以“全息感知—综合研判—协同治理—创新服务”的总体逻辑构建智慧街区现代化治理及服务闭环体系，通过对各类交通数据的长期动态监测，支撑街区精细化治理，持续提升小汽车、公交、慢行等出行方式的服务体验。

3. 景观重塑

围绕“历史文化 + 企业联动 + 人才孵化 + 商业融合”四大策略，通过划分“西丽景观休闲街区”“高新科创展示街区”“后海城市活力街区”三大展示平台，对工程范围内的重要科技文化节点、街道活力空间、沿线绿化与设施品质提出整体景观提升规划方案。

4. 空间统筹

以“科技星光大道”为总体目标，通过片区更新产业升级、现有建筑功能升级、街道与建筑前区空间一体化打造公共活力廊道等方式，让沿线企业与街道空间相互渗透，打造“创新博物馆大道”，激发沿线产城创新活力。

4.7.4 详细改造方案（部分）

1. 交通改善方案

1）全线贯通

受广深高速、南坪快速阻隔，现状创新大道西丽高铁新城段尚未贯通。本次改造提出将创新大道双向 6 车道下穿枢纽，位于国铁下方、城际上方，平面位于地铁 13 号线与 27 号线之间（图 4–110）。将创新大道提升改造工程对接西丽枢纽下沉段隧道（全长 2.6 km，其中隧道段 2.2 km，与地铁 13 号线同步实施），项目建成后贯通南北，对接南段深圳湾口岸和北部西丽枢纽两大门户枢纽口岸，贯通创新产业带人员及要素流动。

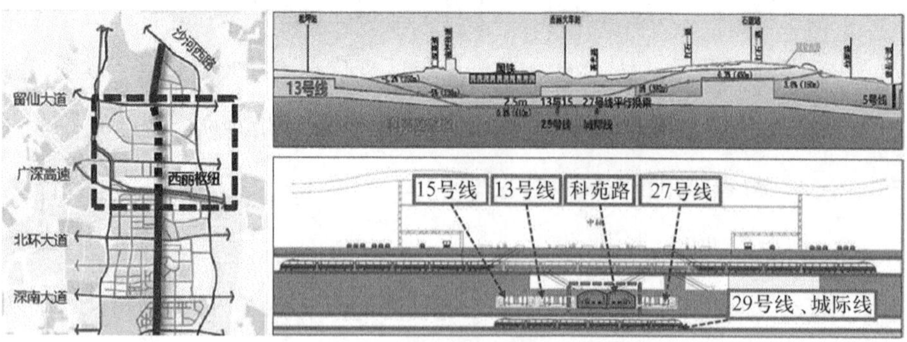

图 4–110　全线道路贯通示意图

2）立交完善

改善片区对外两大拥堵节点，深南大道节点改造为菱形立交，北环大道节点优化既有渠化方案，提升片区整体交通通行效率。

（1）深南大道节点

深南大道节点无左转功能，左转交通需在现状科苑大道掉头，秩序乱，掉头车辆和直行车辆交织严重，造成高峰期严重拥堵。

结合项目周边改造条件，本次方案将现状深南—创新立交混凝土框架结构拆除，新建桥梁上跨创新大道，改造现有匝道，将节点改造为标准菱形互通立交，通过南北两侧灯控路口满足车辆左转需求（图 4–111）。东进口预测交通量早高峰为 905 pcu/h，晚高峰为 319 pcu/h，设置 2 左 1 直左 1 右车道；西进口预测交通量早高峰达 1 021 pcu/h，晚高峰为 501 pcu/h，设置 2 左 1 直左 1 右车道；南进口预测交通量早高峰达 2 655 pcu/h，晚高峰为 2 278 pcu/h，设置 2 左 3 直 1 右车道；北进口预测交通量早高峰达 2 905 pcu/h，晚高峰为 2 599 pcu/h，设置 2 左 3 直 1 右车道。交通组织对比见图 4–112。

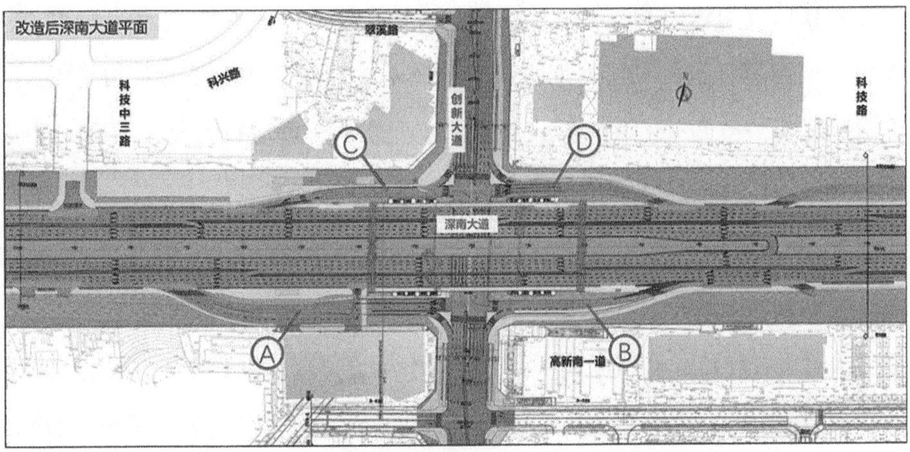

图 4–111　深南—创新立交道路平面设计图

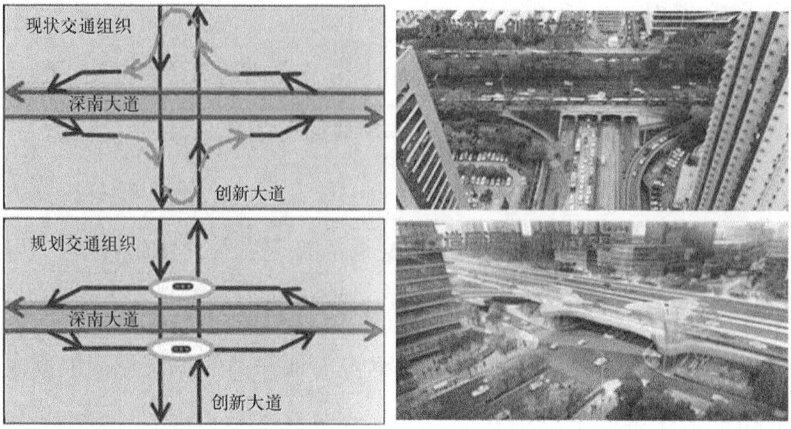

图 4-112　深南—创新立交桥下交叉口交通组织对比图

（2）北环大道节点

北环大道节点作为进出高新中、北区的主要节点，是区域重要对外集散节点，交通压力集中，尤其是区域东—南转换需求较大，早高峰达 1 625 pcu/h，由于转向车道数太少，左转交通拥堵排队问题突出，回堵至北环大道主路；西往东进口直行车道交通量呈现较明显潮汐特性，晚高峰达 876 pcu/h，早高峰为 183 pcu/h。

东往西方向进口道拓宽 1 条车道，增加转向效率；西往东进口增设 1 条车道，增加道路资源利用；取消桥下地面指示箭头，用桥下悬挂可变箭头，充分利用桥下空间并利用智慧设施时刻监控桥下车辆运行状况，做到车道级别监控，增加桥下空间利用率。设计示意图见图 4-113。

3）断面重构

现状存在全线断面不一致、路内路外缺乏整体考虑、街道活力不足等问题。改善方案将统一全线断面，整体压缩车行道宽度，设置全线贯通的双向 6 车道，保证人行道宽度不小于 3 m，设置独立自行车道，宽度 2.5 m（图 4-114）。整合道路内外空间，打通建筑前区空间，提供 14 ~ 22 m 的开敞公共空间。

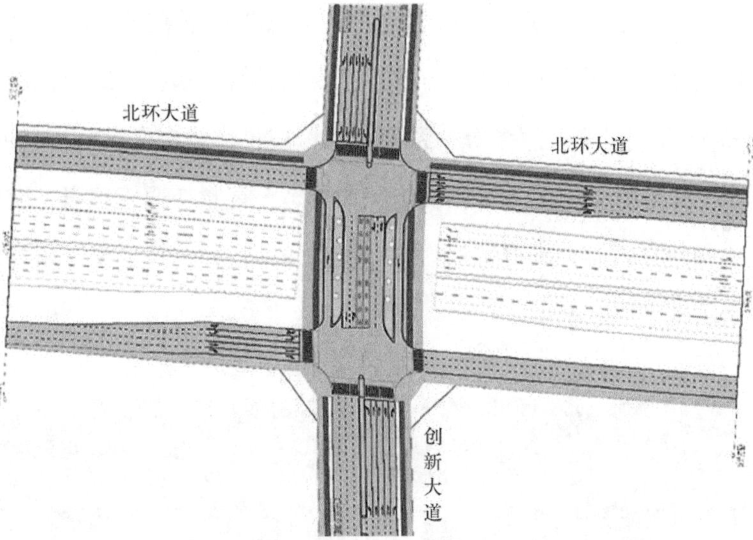

图 4–113　北环大道—创新大道段交叉口设计示意图

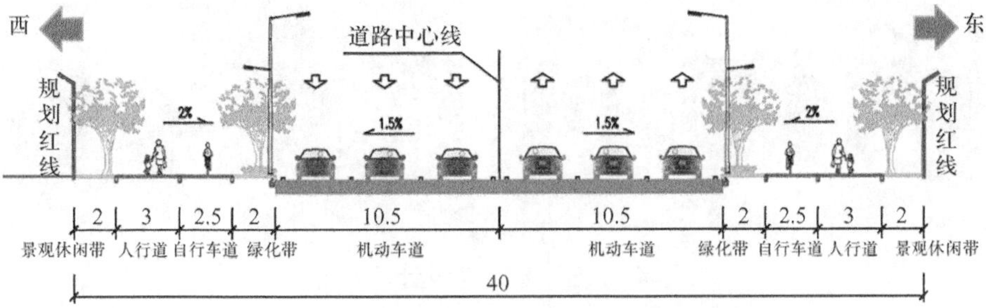

图 4–114　创新大道设计标准横断面示意图

4）人本关怀

通过在路口及过街实施零高差设计，全面提升行人体验和对弱势群体的关怀，建设富有亲和力的无障碍街道（图 4–115）。

2. 智慧提升方案

智慧工程围绕创新大道沿线 8.79 km（工业八路—宝深路，茶光路—同沙路）的街区，聚焦沿线交通出行痛点，开展以路口通行能力挖潜、慢行效率与安全提升、公交服务品质改善为主，以智能网联在救护、应急、公交优先方面的率先应用为辅的建设方案论证，采用智慧信控、综合执法、可变车道、MaaS公交、交互服务等一系列创新科技，形成交通管控、绿色出行、智能网联、全息感知、公共基础设施、圳智慧·智慧交通管理服务应用平台六个板块的建设内容，支撑智慧出行标杆大道落地，为建成全球领先的智慧交通创新示范区奠定基础。

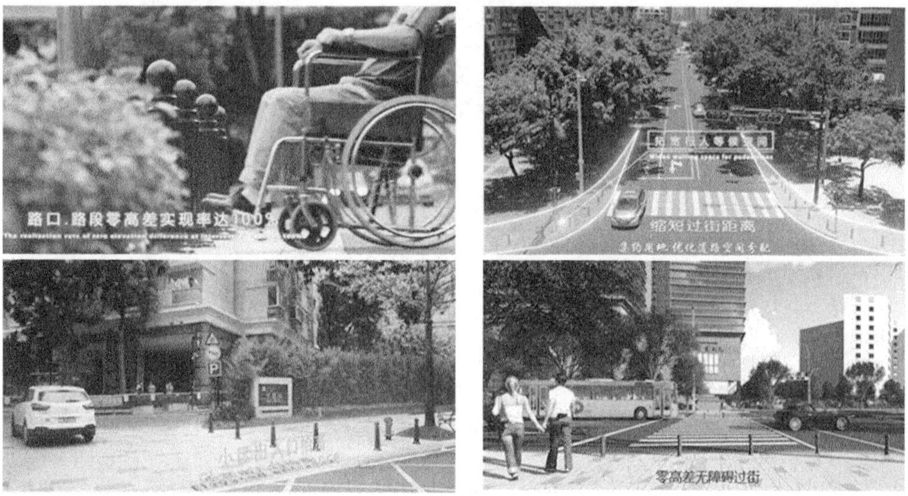

图 4–115　零高差设计示意图

1）交通管控方面

结合道路实际和交警部门需求，拟建设信号管控、执法监管、安全防控、信息诱导和综合数据仓五大类共11种前端设施，支撑交通管理的精细化工作，实现道路交通运行有效、执法有力、安全有序。

（1）信号管控设施

面向交警精细化信号控制、车道级管控等需求，新建30个路口信控设施、23个路口交通流检测设施、6处可变车道，实现全线路口智能感知分析、精准调度控制，支撑区域协调联控、自适应控制、动态可变车道等应用，提升交通运行效率。

（2）执法监管设施

面向交警非现场执法业务需求，新建 30 个路口电警卡口设施、47 处低空视频监控、3 处高空视频监控，实现沿线信控路口、交通隐患点、事件事故常发点监管全覆盖，增强执法力度，保障道路通行秩序。

（3）安全防控设施

面向行人过街安全、主支路车辆冲突等交通隐患问题，新建 6 个路口地面红绿灯设施、4 个路口行人过街安全预警设施、20 处接入点安全警示设施，重点覆盖行人过街集聚区域、车辆冲突常发点，提升沿线交通安全水平。

（4）信息诱导设施

面向交警应急事件、道路拥堵、交通安全等信息发布需求，新建 12 套交通诱导屏、30 套路口条形屏，重点覆盖拥堵常发区域、关键分流路口、事件事故常发点，支撑行车方向、路网状态、交通事件等信息的实时发布，实现全程出行信息指引，提升交通服务水平。

（5）综合数据仓

面向前端设施高效运维管理需求，新建 30 个路口综合数据仓，集成多种前端设施箱体，模块化配置网络、存储、电源、防雷等设备，消除多头管理的弊端，实现路口各种设施的一体化集成，实时监管设备运行状态，净化城市道路环境。

2）绿色出行方面

围绕公交慢行服务，主要建设智慧公交、慢行智能指引设施、天桥助力设施、慢行互动等设施。建设 46 座智慧公交站台、9 座智慧招呼站三级服务站点体系，全面提升公交出行效率和服务品质；建设 26 个动静态信息一体的智慧慢行指引牌，为慢行人群提供周边主要建筑物、周边地图、交通信息、文体旅游、生活服务等多样化信息服务；建设 2 套自行车天桥助力设施，为慢行者提供便捷贴心的骑行环境，提升街道绿色出行比例；建设 3 套街道慢行智慧互动设施，满足创新大道用户在慢行过程的社交需求，创造与朋友、家人在街道空间中互动交流的场景，提升街道活力。

3）智能网联方面

针对智能网联在精准管控、安全高效、品质出行等方面的创新技术应用需求，拟在路口、站台部署车路协同设施，开展网联化创新应用示范。拟在创新大道交通组织复杂的灯控路口布设 13 套网联服务节点，实时洞悉人车需求变化，灵活联动路口信号灯、信息牌、可变指示牌等设备，根据不同需求，实现防溢协调控制、绿波协同控制、安宁绿波控制等区域智能协调；拟在创新大道沿线 4 家医院转院路径的灯控路口布设 57 套车路协同 RSU，支撑救护车紧急优先应用场景。

4）全息感知方面

结合各业务管理部门需求，在创新大道沿线建筑出入口、交叉口、公交站等关键锚点集成各部门感知及服务设施，形成覆盖全时、全域、全量的感知体系，支撑创新大道管理及服务模式创新。拟建 360 套全息监控摄像头，2 189 套智慧照明模块，16 套气象监测模块，20 套信息屏和广播，16 套噪声感知模块和环境监测模块，20 套语音助手，20 套 USB 模块，18 套激光雷达，52 套毫米波雷达，200 套边缘网关、信息安全模块、智能电源，1818 套防雷保护模块。

5）公共基础设施方面

按照《深圳市南山区多功能智能杆及配套设施建设指引》要求，集约化建设多功能杆 773 根。按照标准配建照明工程和供配电联网工程，新建 9 座智慧专用箱变（315 kVA）、7 座市政照明箱变（200 kVA）。新建 1 条 288 芯主干光缆（交警专网），新建 9 套综合性汇聚节点，新建 1 条 288 芯主干光缆（智慧专用），新建管道充分考虑未来 10 年规划需求。

6）圳智慧 · 智慧交通管理服务应用平台方面

扩充交通指标及交通类视频 AI 算法，构建数字孪生大道底座支撑，建设多媒联动、活力互动、智驾出行三大协同服务应用及协同服务管理应用。

3. 景观重塑方案

考虑创新大道整体上以生产型街道为主，兼顾行政、商务、居住、办公等环境，其景观提升上应保证公共环境的统一性，并结合全段不同的特色风貌，分别突出公共文化特色、产业文化特色和生态绿色段特色。同时，加强道路东西两侧的缝合，加强两侧活力渗透，并加强城市特色空间的塑造，形成最易识别、最易记忆、最具活力的城市名片。

本次规划构建以“一轴、三段、多节点”的景观格局，全面提升创新大道的整体品质。其中，“一轴”为通过强化中分带、特色路灯展示带、统一铺装基调色彩、营造空间序列来提升创新大道在“带”上的空间序列的营造。结合周边用地性质，联动三大主题脉络，围绕深圳城市精神，将景观打造成三大主题分段、15 大重点节点的珠链式空间架构（图 4–116），以点带线，以线扩面，进行全面景观及品质的整体提升。

其中，三大主题分段如下。

1）蛇口后海段（寻根初创）：历史文化印记

蛇口是改革开放的试管，是现代经济的超级孵化器，将蛇口工业文明深度融合在景观设计中，充分展现深圳工业发展初期人民拼搏拓荒、包容万千的工业记忆文化。通过“饮水资源，不忘初心”的立意，展示深圳城市初创史。

该段需注重对外的展示性、对内的服务性以及商务办公人群的精致休闲休憩需求，适度控制建筑前区与慢行空间的联系，为商务人群增加休闲休憩的服务空间。优化道路空间，完善慢行条件，统筹商业前区一体化设计。蛇口段改造后效果见图 4-117。

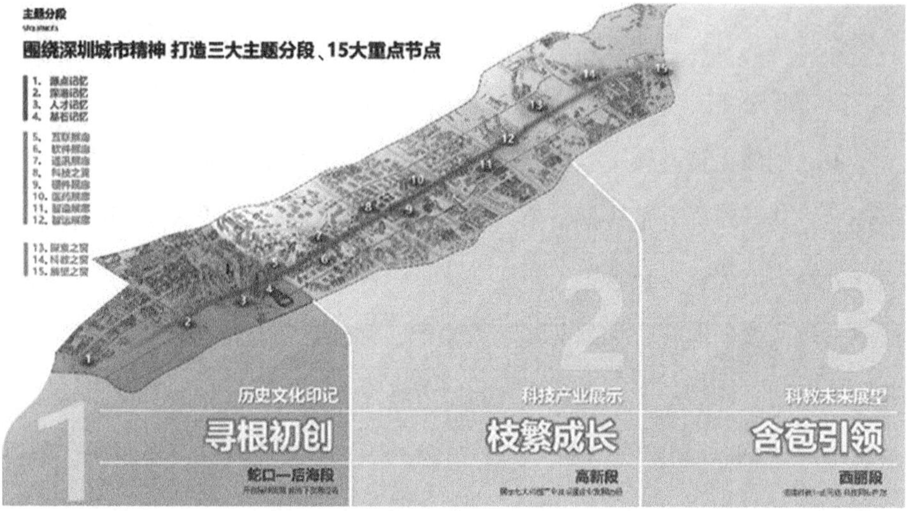

图 4-116　景观设计结构示意图

图 4-117　蛇口段改造后效果图

2）高新段（枝繁成长）：科技产业展示

高新科技段聚集深圳众多明星企业，是从制造工业到科技产业之间的产业价值链。结合企业与场地成长文化展示空间、智慧跑道（AI 虚拟环园区马拉松）、系列智慧公园、科创博物馆、碳达峰智能展厅等一系列展现科技文明场所，打造国家文化和科技融合示范基地。

该段需营造弹性化、品质化、科技感的开放共享空间，重塑街道景观，提升城市活力；落实“三线合一”，统筹建筑前区一体化设计，利用道路两侧空间打造口袋公园等活力场所。高新段改造后效果见图 4–118。

图 4–118　高新段改造后效果图

3）西丽段（含苞引领）：科教未来展望

从 1979 年一个交通便利、商贸发达的口岸小镇，到 2020 年全国摩天大楼数量最多的城市，深圳是一个专门为改革开放而建立起来的城市。此段结合现有的通山达海、傍河连城生态基底，主要通过深圳本土生态建设历程展示、本土山海自然文化展示以及最新生态科技展示的建设，打造新时代生态文明、绿色活力通廊。

在封闭住宅小区区域，延续社区社交活力，服务于多年龄段人群，植入多样的日常活动与空间。连通慢行、梳理植被、增加配套服务设施、翻新陈旧围墙，为周边居民营造舒适、生态的宜居环境。西丽段改造后效果见图 4–119。

图 4–119　西丽段改造后效果图

在景观空间结构中，梳理全线 8.7 km，对各条城市道路与周边城市行政区交界处、重要绿地以及活动场地等空间场所进行景观设计，打造创新大道沿线深港记忆、人才记忆、基石记忆、互联展廊、软件展廊、通讯展廊、科技之翼、硬件展廊、医药展廊、智造展廊、探索之窗等 15 个星光主题大道重要节点，如图 4–120 所示。

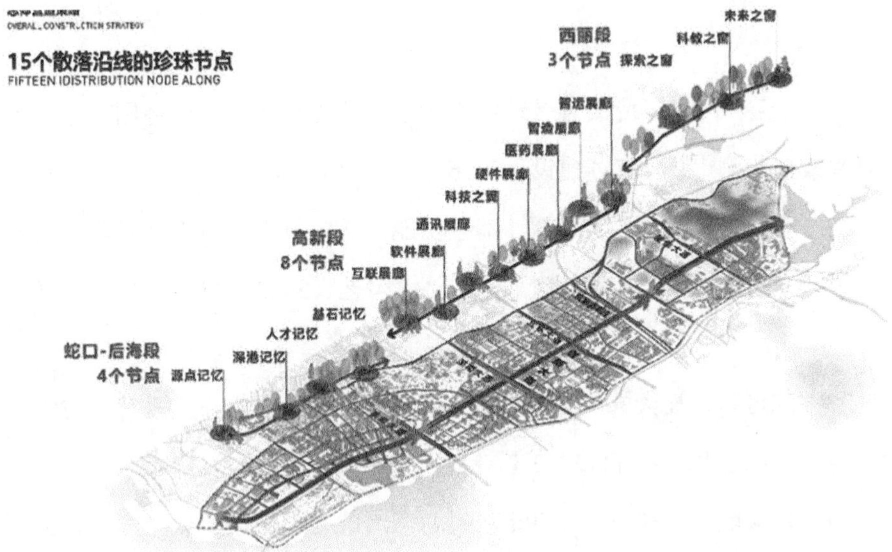

图 4–120　节点位置示意图

参考文献

［1］于春．以水环境改善带动城市中心区活力再生——以韩国首尔清溪川复兴改造为例［J］．江苏建设，2016（04）：51–56.

［2］李丹，郭尚敬，赵红霞．基于功能需求的城市河流生态景观营建方式——以韩国首尔清溪川为例［J］．现代园艺，2022，45（21）：98–100，103.

［3］陈可石，杨天翼．城市河流改造及景观设计探析——以首尔清溪川改造为例［J］．生态经济，2013（08）：196–199.

［4］杜辰蛟，王树萱．泉州北渠规划整治的处理策略研究——以韩国清溪川改造为经验借鉴［J］．福建建筑，2016（03）：114–117.

［5］王军，王文武，王萌．关于打造青岛海泊河城市亲水新地标的几点思考——韩国清溪川生态化整治对青岛的借鉴［J］．中国发展，2019，19（04）：4–7.

［6］程方．韩国清溪川生态修复研究及启示［J］．水利规划与设计，2022（03）：67–70.

［7］刘婷．城市内河水环境综合整治经验与启示——以韩国清溪川复兴实践为例［J］．重庆建筑，2021，20（08）：27–29.

［8］杨海，赵国良，韩小勇．从地下基础设施到城市活力引擎［J］．建筑技艺，2021，27（05）：124–125.

［9］张荻薇，林曜沧，曾荣川，等．台湾中山高速公路五股—杨梅段拓宽工程设计与施工［J］．交通标准化，2014，42（17）：61–71.

［10］虞同文．台湾高速公路［J］．交通与运输，2001（04）：29-31.

［11］易公．台湾道路“三纵十二横”规划［J］．交通世界，1994（02）：12–13.

［12］盐坝高速市政化改造工程可行性研究报告［R］．深圳市综合交通与市政工程设计研究总院有限公司，2020.

［13］皇岗路快速化改造交通设计方案［R］．深圳市综合交通与市政工程设计研究总院有限公司，2017.

［14］深圳机荷惠盐高速公路改扩建工程交通详细规划［R］．深圳市交通运输局，2018.

［15］海滨大道（总部基地段）交通综合改造规划［R］．深圳市交通运输局，2018.